数字生活轻松入门

网上购物

晶辰创作室　王农基　杨志凌　**编著**

科学普及出版社

·北　京·

图书在版编目（CIP）数据

网上购物 / 晶辰创作室，王农基，杨志凌编著. --北京：科学普及出版社，2020.6

（数字生活轻松入门）

ISBN 978-7-110-09643-7

Ⅰ．①网… Ⅱ．①晶… ②王… ③杨… Ⅲ．①网上购物－普及读物 Ⅳ．①F713.36-49

中国版本图书馆 CIP 数据核字（2017）第 181271 号

策划编辑	徐扬科
责任编辑	许　倩
封面设计	中文天地　宋英东
责任校对	焦　宁
责任印制	徐　飞
出　　版	科学普及出版社
发　　行	中国科学技术出版社有限公司发行部
地　　址	北京市海淀区中关村南大街 16 号
邮　　编	100081
发行电话	010 - 62173865
传　　真	010 - 62173081
网　　址	http://www.cspbooks.com.cn
开　　本	710 mm×1000 mm 1/16
字　　数	220 千字
印　　张	11.25
版　　次	2020 年 6 月第 1 版
印　　次	2020 年 6 月第 1 次印刷
印　　刷	北京博海升彩色印刷有限公司
书　　号	ISBN 978-7-110-09643-7/F・266
定　　价	48.00 元

（凡购买本社图书，如有缺页、倒页、脱页者，本社发行部负责调换）

"数字生活轻松入门"丛书编委会

主 编
陈晓明　宋建云　王　潜

副主编
朱元秋　赵　妍　王农基　王　冠　顾金元

编 委
赵爱国　田原铭　徐　淼　何　谷　杨志凌　孙世佳　张　昊
张　开　刘鹏宇　郑轶红　刘小青　姚　鹏　刘敏利　周梦楠
胡　法　王义平　朱鹏飞　赵乐祥　朱元敏　马洁云　王　敏
王　硕　吴　鑫　朱红宁　马玉民　王九锡　谢庆恒

前 言

随着信息化时代建设步伐的不断加快，互联网及互联网相关产业以迅猛的速度发展起来。短短的二十几年，个人电脑由之前的奢侈品变为现在的必备家电，电脑价格也从上万元降到现在的三四千元，网络宽带已经连接到千家万户，包月上网费用从前些年的一百五六十元降到现在的五六十元。可以说电脑和互联网这些信息时代的工具已经真正进入寻常百姓之家了，并对人们日常生活的方方面面产生了深刻的影响。

电脑与互联网及其伴生的小兄弟智能手机——也可以认为它是手持的小电脑，正在成为我们生活中不可或缺的元素，曾经的"你吃了吗"的问候变成了"今天发微信了吗"；小朋友之间闹别扭的台词也从"不和你玩了"变成了"取消关注"；"余额宝的利息今天怎么又降了"俨然成了一些时尚大妈的揪心话题……

因我们的丛书主要介绍电脑与互联网知识的使用，这里且容略去与智能手机有关的表述。那么，电脑与互联网的用途和影响到底有多大？让我们随意截取几个生活中的侧影来感受一下吧！

我们可以通过电脑和互联网即时通信软件与他人沟通和

交流，不管你的朋友是在你家隔壁还是在地球的另一端，他（她）的文字、声音、容貌都可以随时在你眼前呈现。在互联网世界里，没有地理的概念。

电子邮件、博客、播客、威客、BBS……互联网为我们提供了充分展示自己的平台，每个人都可以通过文字、声音、影像表达自己的观点，探求事情的真相，与朋友分享自己的喜怒哀乐。互联网就是这样一个完全敞开的世界，人与人的交流没有界限。

或许往日平淡无奇的日常生活使我们丧失了激情，现在就让电脑和互联网来把热情重新点燃吧。

你可以凭借一些流行的图像处理软件制作出具有专业水准的艺术照片，让每个人都欣赏你的风采；你也可以利用数字摄像设备和强大的软件编辑工具记录你生活的点点滴滴，让岁月不再了无印迹。网络上有着极其丰富的影音资源：你可以下载动听的音乐，让美妙的乐声给你带来一处闲适的港湾；你也可以在劳累一天离开纷扰的职场后，回到家里第一时间打开电脑，投入到喜爱的热播电视剧中，把工作和生活的烦恼一股脑儿地抛在身后。哪怕你是一个离群索居之人，电脑和网络也不会让你形单影只，你可以随时走进网上的游戏大厅，那里永远会有愿意与你一同打发寂寞时光的陌生朋友。

当然，电脑和互联网不仅能给我们带来这些精神上的慰藉，还能给我们带来丰厚的物质褒奖。

有空儿到购物网站上去淘淘宝贝吧，或许你心仪已久的宝贝正在打着低低的折扣呢，轻点几下鼠标，就能让你省下一大笔钱！如果你工作繁忙，好久没有注意自己的生活了，那就犒劳一下自己吧！但别急着冲进饭店，大餐的价格可是不菲呀。到网上去团购一张打折券，约上三五好友，尽兴而归，也不过两三百元。

或许对某些雄心勃勃的人士来说就这么点儿物质褒奖还远远不够——我要开网店，自己当老板，实现人生的财富梦想！的确，网上开放式的交易平台让创业更加灵活便捷，相对实体店铺，省去了高额的店铺租金，况且不受地域及营业时间限制，你可以在24小时内把商品卖到全中国乃至世界各地！只要你有眼光、有能力、有毅力，相信实现这一梦想并非遥不可及！

利用电脑和互联网可以做的事情还有太多太多，实在无法一一枚举，但仅仅这几个方面就足以让人感到这股数字化、信息化的发展潮流正在使我们的世界发生着巨大的改变。

为了帮助更多的人更好更快地融入这股潮流，2009年在科学普及出版社的鼓励与支持下，我们编写出版了"热门电脑丛书"，得到了市场较好的认可。考虑到距首次出版已有十年时间，很多软件工具和网站已经有所更新或变化，一些新的热点正在社会生活中产生着较大影响，为了及时反映这些新变化，我们在丛书成功出版的基础上对一些热点板块进行了重新修订和补充，以方便读者的学习和使用。

在此次修订编写过程中，我们秉承既往的理念，以提高生活情趣、开拓实际应用能力为宗旨，用源于生活的实际应用作为具体的案例，尽量用最简单的语言阐明相关的原理，用最直观的插图展示其中的操作奥妙，用最经济的篇幅教会你一项电脑技能，解决一个实际问题，让你在掌握电脑与互联网知识的征途中有一个好的起点。

晶辰创作室

目 录

第一章 做足功课 挥师网购 1
什么是网上购物 2
网上购物之优缺点 9
新人准备——注册账号 14
我的淘宝，我掌握 19

第二章 全面撒网 宝贝无处遁形 25
搜宝贝，找到最心仪的那一个 26
选店铺，寻找更信得过的卖家 35
淘宝贝、买二手，精打细算 40
加收藏，我要精挑细选 44

第三章 联络卖家 探听虚实 51
阿里旺旺，与卖家实时沟通 52
站内消息，表达详尽的需求 63
店铺留言，联系离线卖家 66

第四章 果断出价 该出手就出手 69
秒杀价，看上它就马上拥有它 70
参加竞拍，体验拍卖会的乐趣 74
体验团购，团结就是力量 78

第五章 诚信第一 保障货款安全 93
支付宝，网上支付方式 94
通过认证，实现在线交易 99
选好宝贝，付款给支付宝 103
收货确认，通知支付宝 108
我不满意，我要退款 111

第六章 附加服务 生活轻松玩转 117
电话充值，我与世界永不中断 118

游戏点卡，我的角色时时在线……………………………122
　　机票预订，时刻把握优惠先机……………………………130
第七章　加入社区　共享心得……………………………………141
　　进入社区，全面获取信息…………………………………142
　　搜索帖子，答疑解惑不求人………………………………147
　　发表新帖，快乐忧伤共分享………………………………149
　　客服中心，疑难杂症药到病除……………………………162

放假在家，懒懒的躺在床上一边听着音乐一边跟闺蜜发着微信聊天，问她放假整天都怎么"嗨"了？当然是拿着刚发的工资去网上淘个够本了！把以前看上的宝贝一件不落地拍下来——新款女式网跑鞋、女士淡香水，还有那个要送给他的珍藏版军刀啦……现在就等着那一声清脆的门铃响，快递小哥把宝贝送上门啦！

　　呵呵，我们正聊得起劲时，手机收到提示信息：你的余额已不多，请及时充值。我可是用的外地手机卡啊，又不能异地充值，怎么办？

　　没关系，我可以去淘宝网的充值中心在线代充！几分钟的时间，一切搞定！

　　嗯嗯，聊天聊得口有点渴了，好想边吃水果、喝饮料，边聊天。哦，没问题！网络购物，送货上门。

　　怎么样，有没有羡慕这样方便、快捷的生活方式呢？如果答案是肯定的，那么请随我一起踏上新奇又好玩的网上购物的征途吧！

第一章

做足功课　挥师网购

本章学习目标

◇ **什么是网上购物**

　　介绍网上购物的基本概念，并对时下比较热门的几个网购平台进行介绍。

◇ **网上购物之优缺点**

　　介绍网上购物这种新兴的购物方式相较于传统的购物方法具有的优点和缺点。

◇ **新人准备——注册账号**

　　以注册成为淘宝网的网站用户为例，介绍注册并激活成为网购网站用户的方法。

◇ **我的淘宝，我掌握**

　　介绍登录淘宝网、查询交易情况等常用操作的方法。

什么是网上购物

网上购物，就是通过互联网检索商品信息，并通过电子订购单发出购物请求，然后填上私人账号进行付款，厂商通过邮购或是快递公司送货上门。国内网上购物一般的付款方式有：款到发货（直接银行转账，在线汇款等）、担保交易（淘宝支付宝、百度百付宝、腾讯财付通等）、货到付款等。

网上购物最吸引人的地方就是能让你足不出户就可以享受到逛街的乐趣。只要一台电脑、一根网线，轻轻点击鼠标，逛小店、淘宝贝、比价格、讨价还价，最后将其收入囊中，这所有的乐趣你都可以通过网络来实现。最重要的是，在整个过程中，你都不必迈出房门半步，只要通过网上支付功能付款以后，就可以静等宝贝送上门了。图1-1就是现在规模较大的网上购物网站——淘宝网的主页（http://www.taobao.com）。

图1-1　淘宝网

网上购物当然要上专门的网购网站。如图1-2所示，现在的网上购物网站百花齐放，争奇斗艳，经营的商品更是种类繁多，有大型的综合性购物网站：如亚马逊、淘宝网、易趣网、当当网、京东商城、1号店等；有以经营某一类商品为特色的专业网站：如12306、赶集网、聚美优品、日上免税店、凡客诚品、国美在线、苏宁易购等；还有组织互不相识的网友进行团购的专业团购网站：如百度糯米网、美团、拉手网、聚划算等。这些网站各有特色、各出奇招，一起把网上购物这个原本新鲜的事物炒得炙手可热，做得风生水起。

图 1-3 为亚马逊中国网站主页。亚马逊中国是综合性网购商城，销售图书、电脑、数码家电、服饰箱包、母婴百货等 29 大类上

图1-2　时下流行的一些网购平台

千万种产品。亚马逊中国提供货到付款，部分商品免运费，30 天内可退换货等服务。其网址为：http://www.amazon.cn/。

图 1-3　亚马逊中国

图 1-4 所示为当当网主页。当当网是全球领先的综合性网上购物中心。有超过 100 万种商品在线热销。包括：图书、孕婴童用品、服装鞋包、家居家纺、数码 3C 等几十大类。当当网承诺 20 个城市当日送达，150 个城市次日送达。另外，还可以上门退换货。当当网网址：http://www.dangdang.com/。

图1-4 当当网

京东商城作为专业的综合网上购物商城，自2004年初正式涉足电子商务领域以来，一直保持着高速成长。在线销售家电、数码通信、电脑、家居百货、服装服饰、母婴用品、图书、食品、生活旅游等数万个品牌千万种优质商品。2009年初，斥资成立了自己的物流公司，布局全国物流体系。目前，京东商城分布在华北、华东、华南、西南、华中、东北的六大物流中心覆盖了全国各大城市，并在西安、杭州等城市设立了二级库房，仓储总面积超过50万平方米。图1-5为京东商城主页，其官方网站地址为：http://www.jd.com/。

图1-5 京东商城

你最近有没有发现路上看到的快递公司的运货车上经常会出现1号店的纸箱？

图1-6就是1号店官网的主页。1号店作为知名的综合性网上购物中心，有数百万种商品在线热销。经常会举行一些优惠促销活动，比如：正品行货，低至1折，

团购更优惠；休闲零食特价；健康进口食品、美容护理、厨卫家居、母婴玩具促销；生活电器特卖等。1 号店的网址是：http://www.yhd.com/。

图 1-6　1 号店官网

你是否还在为五一国际劳动节期间想出去玩，但是却一票难求而苦恼不已呢？你是否还在为春节能够回家过节而通宵排队买票呢？用 12306 吧。

12306 是全国铁路统一客服电话号码，铁道部客户服务官方网站的网址也使用了这一客服电话，用户亲切地称呼这个网站为"12306 网站"（图 1-7）。它提供火车票查询、网上订票、铁路知识和新闻公告、货运信息查询等多种服务。

12306 网站于 2010 年 1 月开通并进行试运行。2011 年 6 月 12 日 5 时，京津城际高铁开始试行网络售票，2011 年年底，全国铁路已经全面推行网络售票，中国铁路开始走进电子商务时代。其网址为：https://www.12306.cn/index/。

图 1-7　中国铁路 12306 网站

还记得"赶集网啥都有"这句广告语以及那只充满喜感的小毛驴吗？赶集网成立于2005年，是中国目前最大的分类信息门户网站之一，为用户提供房屋租售、二手物品买卖、招聘求职、车辆买卖、宠物服务、教育培训、同城活动及交友、团购等众多本地生活及商务服务类信息。

赶集网的总部位于北京，在上海、广州、哈尔滨、深圳设有分公司，并已在全国374个主要城市开通了分站，服务遍布人们日常生活的各个领域。

自成立以来，赶集网一直致力于为广大网民解决身边的实际问题，为人们提供免费的信息发布交换平台，让广大网民切身享受到本地近距离的便捷生活信息服务。赶集网的主页如图1-8所示。其网址为：http://www.ganji.com/。

图1-8 赶集网

聚美优品（前团美网），是中国第一家化妆品限时特卖商城。欧莱雅等国际一线大牌官方授权入驻，每日推荐超值折后正品、名品服饰等。

聚美优品创立于2010年3月，致力于创造简单、有趣、值得信赖的化妆品购物体验。聚美优品首创"化妆品团购"模式：每天在网站推荐十几款热门化妆品，并以吸引人的折扣低价限量出售。图1-9所示为聚美优品网的首页，其网址为：http://www.jumei.com/。

以上这些网上商城平台，大部分都是以网络订单为主营业务，随着人们对网络应用的普及、对网上购物的认知，网购这种经营模式已经对以传统经营模式经营的商家形成了一定的冲击。因此，一些传统经营领域的先驱者也试图涉足网络购物，想在电子商务领域中分一杯羹。比如图1-10所示的国美电器网上销售平台——国美在线。面对苏宁等竞争对手在电商领域的持续发力，2012年12月初，国美电器集团做出决策，将国美电器网上商城与库巴网两家旗下电商公司进行后台重组，实

图1-9 聚美优品网

现两大电商平台整合之后，更名为"国美在线"。此次国美的调整，为国美与京东商城和苏宁易购的竞争注入了一针强心剂。其网址是：http://www.gome.com.cn/。

图1-10 国美在线

通过上面的介绍，相信大家已经对网上购物和当下流行的网购平台有了一个初步的认识。简而言之，网上购物就是对传统的商业模式的一个调整和创新，把商品从商店搬上了互联网，将卖家和买家面对面的交易变成了通过网络这个平台来沟通，付款方式也从原始的一手交钱一手交货，发展出了一个公平、可信赖的第三方：网上银行或网络支付平台。

以往的购物模式很大程度上可以说是卖方市场，因为卖家静坐店中，买家则要顶着烈日、迎着风雨、舟车劳顿地去购物，而且买家的选择往往会受到信息量、经验、地域等多方面的限制，正所谓：买的没有卖的精。而新型的网上购物则为买家免去了这些麻烦，我们可以不用再来回奔波，不用担心不懂行而被骗，更不用怕找不到心仪的商品，通过网络这个信息平台，我们可以搜索到所有需要了解的信息——没有找不到，只有想不到！

　　也许你会问，如果是外行，那要怎么办呢？没问题，百度一下，人人都是行家！图 1-11 就是百度首页。通过在搜索栏中输入搜索关键字，点击"百度一下"按钮，我们就可以找到相关的信息。图 1-12 是搜索"网购商城"和"团购网"的搜索结果页。点击感兴趣的内容可以跳转到相应页面详细浏览。

图 1-11　百度首页

（a）百度搜索"网购商城"结果页

（b）百度搜索"团购网"结果页

图 1-12　百度搜索结果页

> **提示**：百度 www.baidu.com 是中文搜索引擎，把它放进收藏夹，你就是全能的万事通了。当然，还有许多同样优秀的搜索引擎，比如：谷歌、搜狗、360 搜索等。

网上购物之优缺点

或许已经习惯了传统购物方式的你会觉得我就这样一边逛街一边购物也很好啊，可是你有没有遇到过因为忽然下雨而被淋成狼狈的落汤鸡？有没有逛得还意犹未尽百货公司却要打烊？有没有因为在别的地方很便宜就可以买到的东西在你这里却售价更高而窝火不已？如果有，那么何不尝试一下网上购物呢？这一切的问题都将不再存在。当然，网上购物作为一种新兴的购物模式，也存在这样那样的缺点。下面让我们具体分析一下网上购物的优点与缺点。

一、优点

● 对于消费者来说

1. 可以在家"逛商店"，订货不受时间、地点的限制。
2. 各种方式的分类，让你轻松定位到要买的商品，省时省力，直击目标。购物网站常见的商品分类如图 1-13 所示。

（a）美食、生鲜、零食常见的商品分类

（b）学习、卡券、本地服务常见的商品分类

图 1-13 常见的商品分类

3. 如图 1-14 所示，能够获得更多的商品信息，可以买到当地没有的商品，可以在多种商品中进行比较。

第一章 做足功课 探师网购

来自各地的卖家

同类、相似、同款商品，想怎么比就怎么比。

图1-14 淘宝网产品展示页面

4．精挑细选了好久，眼睛都花了：这款的性能我很喜欢；这款的样式又很漂亮；而那款的价格又真的好有诱惑力哦！最要命的是这三个还不在一家店，我可以把它们放在一起好好比比吗？如果是实体店，你想要如图1-15那样对比那肯定不行，哪位卖家会让你把他的东西没付钱就带出去啊？可是在网店没问题！一切随你。

图1-15 商品对比

5．网上支付较传统用现金支付有其可靠的一面，可避免现金丢失或遭到抢劫。

6．不论你身处何方，只要你如图1-16所示确认收货地址和订单信息，并成功付款，就可静待货品上门，轻松省力。

7．由于网上

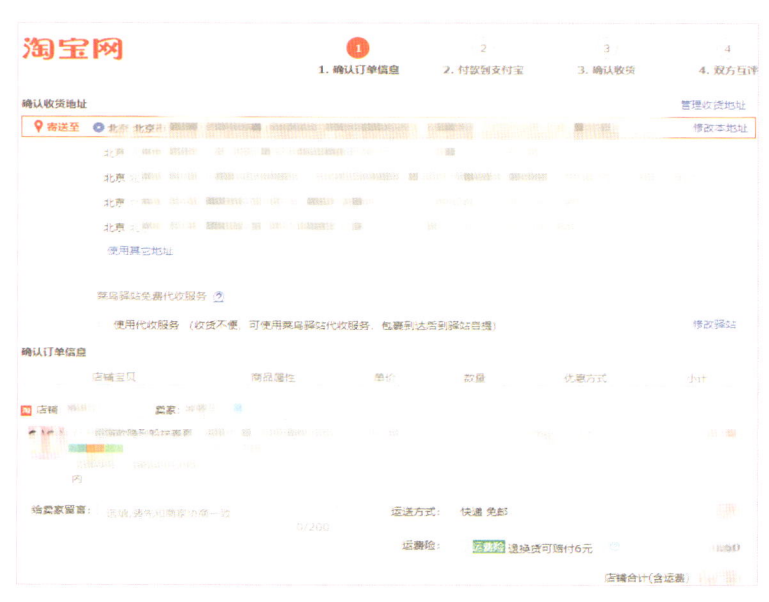

图1-16 确认订单信息

的商品省去了租店面、招雇员以及储存保管等一系列费用，总体来说其价格较一般商场的同类商品更具有价格优势。

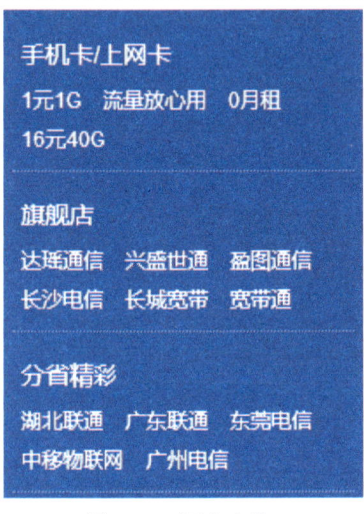

8. 如果说前面所有的都是网上购物的相对优势，实体店铺也可以做到的话，那么这一条可就是网上购物的王牌了，因为如果你离开了网络，是无论如何也办不成的哦！那就是：异地充值。当你因为出差、放假、旅游等原因离开手机归属地时，万一手机欠费了怎么办？营业厅充不了，充值卡也不能用，已是深夜还不能打扰朋友……天啊！ 出王牌吧：网上充值！

在网上，你可以随时随地购买任何地方的充值卡或选择在线充值，而且网上充值还会有折扣哦！从图1-17中我们可以看到，不仅仅是充话费，还能充流量、充固话、充宽带。游戏点卡也可以随时充值，非常方便。图1-18就是充值页面，具体的充值方法我们将在第六章介绍。所有种类、所有面值、所有地区，还有不能解决的问题吗？

图1-17　网上充值

9. 可以保护个人隐私，很多人更喜欢在网上购买比较隐私的物品，因为去实体店购买有时会显得尴尬难堪。

● 对于商家来说

由于网上销售的库存压力较小、经营成本低、经营规模不受场地限制等，因此，在将来会有更多的企业选择网上销售，通过互联网对市场信息的及时反馈，适时地调整经营战略，以此提高企业的经济效益和参与国际竞争的能力。

另外，对于整个市场经济来说：这种新型的购物模式可以在更大的范围内、更广的层面上以更高的效率实现资源配置。

图1-18　充值页面

综上可以看出，网上购物突破了传统商务的障碍，无论对消费者、企业还是市场都有着巨大的吸引力和影响力，在新经济时期无疑是一种达到"多赢"效果的理想模式。

二、缺点

1. 图物不符

由于当前国内法律和产业结构不平衡，大量的假冒伪劣产品充斥着网购；顾客通过网购只能是看到照片，而货物真的到达你手里就会如图 1-19 那样感觉实物和图片不一致。

因此，众多的顾客还是觉得到实体店里购买较放心。ITM 模式也由此发展而来，确实杜绝了网购中对"以次充好、图物不符"等交易欺诈。所谓"ITM 模式"

图1-19　网购图物不一致

是将电子商务和传统的实体店铺结合，有效整合了线上与线下资源，被视为当前传统零售业和电子商务同步相结合的发展新趋势。

> **提示**　当地已设立 ITM 实体店的建议顾客在网购时，要求 ITM 商户实行 OVS 服务，将货发至 ITM 店，由 ITM 店为顾客直接提供进行检验、修剪熨烫、包装、出具证明等一系列的售后服务。

2. 不能试穿

网购只是看到照片及对物品的简单介绍，像衣服、鞋子之类的商品，你就无法直接看出适不适合你，而如果是在商场购买，你可以试穿，合自己的身就买下来，不用考虑那么多，而在网上购买时，你要像图 1-20 所示那样对诸如尺码、衣长、袖长、裤长等参数进行选择，才能买到合适的商品。

3. 使用不当，导致网络支付不安全

可能被偷窥，密码被盗。网上购物最令人担心的一点就是需要用到银行账户，有些朋友的电脑中存在着盗号木马等，会造成资金盗刷

图1-20　网购商品属性选择

等一些严重情况的发生，所以大家在购物时尽量不要选择网吧等公共场所，自己的电脑也要保证杀毒软件的正常运行才能进行网络交易。所以建议网购爱好者购物时选择自己经常网购的平台，比如淘宝网、京东商城、凡客诚品、聚美优品等，这样保证自己网购的第一步就不会被钓鱼网站诈骗；在交易时，尽量选择第三方担保交易，如支付宝、财付通等。

4．诚信问题

就是卖家的信用程度，如果碰到服务质量差的卖家，问几个问题就会显得不耐烦，如果需要退换货那就更加困难了。另外，网上购物时上当受骗也时有发生。对于此类问题，ITM会为顾客出具相应的检验证明报告，顾客可以凭该证明资料到相关部门投诉或采取法律措施来维护自己的权益不受侵犯。

5．配送可能产生的问题

在网上购买的物品，还要经过配送的环节，快则一两天，慢则要一个星期或更久，有时候配送的过程还会出现一些问题。还有，如果对物品不满意，又要经过配送的环节，还要支付相应运费；而在商场，看到自己心仪的商品，就直接到手，如果不满意，可以直接拿去换。

6．退货不方便

虽然在商场购物退货也需要很复杂的程序，可是网上退货就更加困难了，甚至用各种借口拒绝退货和推卸责任。这一点是电子商务的售后服务体系不健全的原因所致，ITM战略平台体系目前就已提出售后服务的理念，并逐渐在全国推行，相信在未来将会解决此类问题。

新人准备——注册账号

看过了前面两部分，了解了网购的基本知识，是不是对它已经"芳心暗许"了呢？是不是已经摩拳擦掌跃跃欲试要大淘一番了呢？且慢！不要着急，只要再完成最后一步准备工作——注册账号，你就可以踏上精彩无限的网购征途啦！

各大网购网站注册账号的流程基本相同。鉴于淘宝网的快速发展，又是我们的本土网站，所以本节将以淘宝网为例介绍如何注册账号。

或许你要问：买东西而已，为什么还要注册呢？我去商店买东西也不用带身份证啊。其实在购物网站注册成为会员是为了更好地维护买家和卖家各自的利益。实体店铺不需要是因为实体店铺的交易形式是大家面对面，买卖双方、货物、货款、店铺都是真实存在的,而网上交易存在一定的风险性,账号就是唯一的身份证明(卖家还需通过真实的身份验证),只有通过注册拥有了一个固定的账号,你的所有交易才能记录在案,一旦发生问题,网站才能够找到原始的资料,为你的交易提供证据。

1. 由首页上的注册链接（图1-21）点击进入后，会弹出"注册协议"页面。

图1-21　淘宝网首页注册链接

2. 阅读相关条款后若继续注册，单击【同意协议】按钮，进入验证手机号码环节。

3. 进入图1-22所示的"验证手机号码"页面。填写用于获取验证码短信的手机号信息，单击【下一步】按钮。

图1-22　"验证手机号码"页面

4. 在弹出如图1-23所示的"设置用户名"窗口中，以邮箱账号注册为例，填写相应邮箱账号，单击【下一步】按钮。系统会发核实邮件到你用于注册的邮箱，登录邮箱按照邮件内容提示确认即可。

5. 跳转到如图1-24所示的"填写账号信息"页面，在该页面你可以设置登录密码、会员名，最后单击【提交】按钮。

图 1-23　填写邮箱账号

图 1-24　填写相应注册信息

6．进入图 1-25 所示的"设置支付方式"页面，按要求在各栏填写相关信息，如银行卡号、持卡人姓名、手机号码等。在页面的下方有《快捷支付服务相关协议》等链接，点击可以了解有关的支付规定。填写完手机收到的校验码后单击【同意协议并确定】按钮。

7．这时会出现图 1-26 所示的"注册成功"界面，表示你已经成功地拥有了淘宝网账户。

图 1-25　"设置支付方式"页面

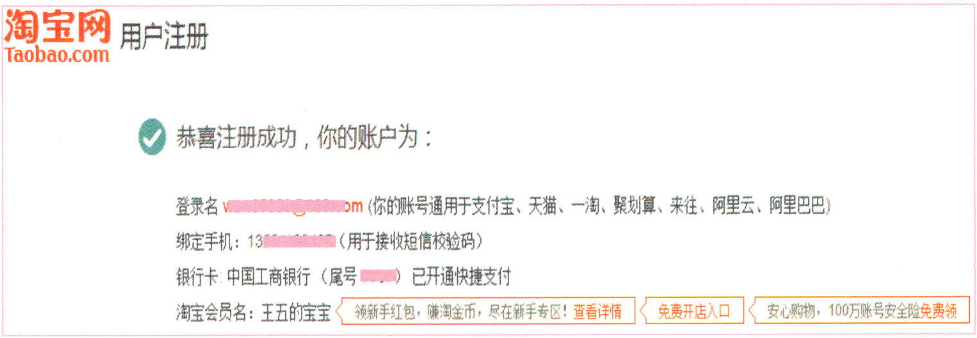

图1-26 "注册成功"页面

8. 点击页面下方的"领新手红包，赚淘金币，尽在新手专区！查看详情"链接，进入如图1-27所示的"淘宝新会员"页面，学习一下基本的购物流程。

图 1-27　淘宝新会员购物指导

9．学习完这里的 5 个步骤就可以开始你的淘宝之旅了。

拥有了账户后，我们还可以随时通过点击"我的淘宝"链接，进行个性化设置。在图 1-28 所示的页面中，可以修改邮箱、修改手机号码、验证身份、修改密码、设置密保问题、设置操作保护等。

图 1-28　"安全设置"页面

在图 1-29 所示的"收货地址"页面中，可以将你常用的收货地址保存起来，这样以后淘宝贝的时候就不用每次都输入收货信息了。

图 1-29 "收货地址"页面

我的淘宝，我掌握

现在我们已经有了一个账号，账号就是我们在淘宝网的代码，我们需要通过它才能进行交易。不仅如此，它还像我们的门牌号码一样，代表了一个属于我们自己的空间，这就是"我的淘宝"。在这个空间里，我们可以对宝贝进行管理，而且它还会忠实地记下我们所有的交易、信用、评价记录等数据。

在浏览器地址栏中输入 http://www.taobao.com 进入淘宝网，点击首页上的"请登录"超级链接，就可以进入如图 1-30 所示的登录页面，在密码登录页面输入你的账号和密码就可以进入专属于你自己的私密淘宝空间。

图 1-30 淘宝网登录页面

除了用账号和密码登录外，淘宝网还有其他 4 种登录方式，即短信登录、扫码登录、微博登录和支付宝登录。

- 短信登录

在图 1-30 所示登录页面中单击"短信登录"进入其登录页面，如图 1-31 所示。输入注册时所用的手机号码，然后单击"获取验证码"。将手机中获得的验证码输入到相应的提示框中，单击【登录】即可进入你的淘宝空间。

图 1-31 淘宝网登录页面

- 扫码登录

在图 1-30 所示登录页面中单击其右上角的二维码图案，进入手机扫码登录页面，如图 1-32 所示。如果你的手机上已安装了淘宝 APP，打开其"扫一扫"功能，扫描图中的二维码图案并单击手机上的"确认登录"，即可登录你的淘宝。如果你的手机尚未安装淘宝 APP，扫描时手机上会出现图 1-33 所示界面。点按"立即下载"将其下载到手机上并按提示进行安装，然后进行扫码即可登录淘宝。

图 1-32 手机扫码登录页面   图 1-33 下载手机淘宝

- 微博账号登录

或许你是一个常用微博的人，那么用你的微博账号也可以进行登录。在图 1-30 所示登录页面中单击左下角的"微博登录"即可进入其登录页面，如图 1-34 所示。此页面同密码登录页面类似，只是在此需要输入的是你的微博账号和相应的微博登录密码。

图 1-34　微博账号登录页面

- 支付宝登录

鉴于目前以支付宝和微信为代表的手机支付方式已较为普及，特别是前者，在开通支付宝时，因为涉及你的资金安全，会详细记录你的一些个人信息。为了你的淘宝账号安全，建议你采用支付宝方式登录，以确保你账号里的个人资料、收藏、交易状况、账户信息、评价记录等私人信息不会被人恶意盗取。

在图 1-30 所示登录页面中，单击下方的"支付宝登录"进入其登录页面。如果你的手机上已安装了支付宝 APP，打开其"扫一扫"功能，扫描图中的二维码图案并单击手机上的"确认登录"，这时会显示"扫码成功"提示并随即进入你的淘宝空间。这一过程如图 1-35 所示。

（a）支付宝登录页面　　（b）在手机支付宝上确认登录　　（c）扫码成功页面

图 1-35　用支付宝登录淘宝

如果你的手机尚未安装支付宝 APP，可通过手机管理软件直接在手机上进行安装，也可以单击图 1-35（a）下方的"下载手机支付宝"进行安装（图1-36），然

后就可以用支付宝的扫描功能登录你的淘宝了。

图 1-36 支付宝下载页面

图 1-37 是进入"我的淘宝"出现的主页面，你所有信息都在左边的信息条中显示，想要查看的话只需直接点击即可。

图 1-37 "我的淘宝"页面

在图 1-38 所示的"已买到的宝贝"页面中，可以随时查询在淘宝的所有活动记录，不管是已完成的还是正在进行中的交易，全都一览无余。

这里只是对"我的淘宝"做一个简要的说明，让大家知道它的存在，而它的使用则需要我们在网上购物的具体过程中来一步步了解，所以我们将在以后的章节中介绍相关的内容。

图 1-38 "已买到的宝贝"页面

盼望已久的夏天马上就要到了，终于可以脱去累赘的长袖换上修身的T恤衫，让我的美丽曲线展现无遗；终于可以甩开密闭的皮鞋，让我的双脚自由呼吸……不过最最重要的，其他的一切都不过是为了陪衬它的绰约风姿，凸现它的致命诱惑，它是谁？当然是裙子！

短裙的清爽、长裙的优雅、A字裙的简约、百褶裙的柔媚、连衣裙的娇俏、旗袍的神秘……当清风拂过，裙角飞扬时，又有谁能抵挡得了这极致的媚惑？

每个女人的心底都藏有一个灰姑娘的梦想，当王子不再出现，而我们又无法穿着水晶鞋挤公交车的时候，美丽的裙子也许就是仅存的能实现那个公主梦想的方法了！

让我们一起出发去寻找吧！淘宝的魅力世界一定可以满足你所有的幻想。即使灯火阑珊，即使百转千回。

第二章

全面撒网 宝贝无处遁形

本章学习目标

◇ **搜宝贝，找到最心仪的那一个**

　　以搜索一条裙子为例，介绍如何利用搜索引擎在种类繁多的商品中选择自己需要的产品。

◇ **选店铺，寻找更信得过的卖家**

　　介绍搜索指定店铺的方法，并对网购店铺中的常见属性、版块进行介绍。

◇ **淘宝贝，买二手，精打细算**

　　介绍逛店铺，淘宝贝以及发布求购二手商品信息的方法。

◇ **加收藏，我要精挑细选**

　　介绍将感兴趣的商品、信息、店铺收藏起来，待以后持续关注、方便对比的方法。

搜宝贝，找到最心仪的那一个

网上购物除了方便、快捷以外，最大的优势就是货源充足、品种繁多，琳琅满目的商品足以让你眼花缭乱、头晕目眩，那怎么办？怎样才能在浩如烟海的商品中迅速、准确地找到我的所爱？答案只有一个字：搜！从类别、品牌、质地、风格、价钱、新旧程度等各个方面入手，即使在灯火阑珊处，我也一定能够找到它！

现在让我们以在淘宝网和京东商城搜索一条裙子为例展示一个完整的搜索宝贝的过程。熟悉流程以后你就可以举一反三，使用类似的方法就不怕找不到你想要买的东西！

一、在淘宝网中搜索

1．在浏览器地址栏中输入 http://www.taobao.com，登录淘宝网首页，如图 2-1 所示。

2．如图 2-2 所示在图 2-1 的淘宝网首页搜索框中输入我们要搜索的对象"裙子"。

3．单击【搜索】按钮，出现如图 2-3 所示的搜索结果，我们可以看到，一共搜索出 400 多万件宝贝，是不是还是有点无从下手的感觉

图 2-1　淘宝网首页

呢？没关系，淘宝已经细心地把衣服做了更详细的分类，我们可以根据自己的需要进一步缩小搜索范围。

图 2-2　输入搜索条件"裙子"

4．我们选择女装中的"半身裙"，搜索结果如图 2-4 所示，宝贝数量已锐减为 56 万。

图 2-3 "裙子"的搜索结果页

图 2-4 选择"半身裙"的搜索结果页

5．这样范围还是太宽，我们可以选择风格中的"淑女"，可以看到从品牌到款式都有了进一步的精简，接着选择品牌中的"艾可儿"，如图 2-5 所示。

输入搜索条件后，系统会自动把所有的商品按照条件做出必要的筛选，去除无关的商品，只把相关的商品展示出来，这样就节省了大量的筛选时间。

在淘宝网，以服装为例，系统大致是以五个标准进行分类：风格、元素、选购

图 2-5　选择"淑女""艾可儿"的搜索结果

热点、款式和品牌。这样的分类有何好处呢？就是可以让你从各个方面入手来寻找。比如说如果你忠诚于某个品牌，那就直接进入那个品牌专区，每一季的各种款式都不会错过。

> **提示**：这五个分类标准并没有前后轻重之分，它们只是商品归类的五种方式，你可以任意选择自己熟悉了解的方式来搜寻宝贝，不管什么方法，找到宝贝就是好方法。

比如，在图 2-3 所示的搜索结果页中，我们也可以先选择风格中的"淑女"，其搜索结果将如图 2-6 所示。

图 2-6　"淑女"风格裙子的搜索结果

在我们搜索的过程中，淘宝也会根据我们的搜索条件，推荐一些搜索关键字，如图 2-7 底部所示。

图 2-7　淘宝推荐搜索关键字

6．现在搜索出来的宝贝已经不那么多了。此时，我们可以以人气、销量、信用、最新、价格等条件将搜索结果排序，它们之间有什么差别呢？价格就不用说了；卖家的信用等级当然是越高越好，等级越高代表他做过的交易越多，这样就表示他的商品质量、售后服务就越有保障。网上交易，当然安全放心是第一要务。如图2-8 所示为按销量从高到低、价格从低到高顺序排序后的结果页。

图 2-8　将搜索结果按销量从高到低、价格从低到高排序

7．根据列表中的图片和介绍，选择感兴趣的商品，点击图片查看如图 2-9、图 2-10 所示的详情页。我们可以看到，商品信息一般包括价格、邮费、库存、宝贝类型、颜色、尺码、材质、主要成分含量、是否支持支付宝等，当然还有卖家的进一

步描述和介绍，从而让你对商品有一个更全面的了解。

图 2-9　宝贝详情页

图 2-10　宝贝详情说明

8. 在该商品详情页面的下面，如图 2-11 所示，淘宝还贴心地为我们列出了浏览过该商品的其他会员还浏览过哪些宝贝，以及购买了该商品的其他朋友买了什么东西来搭配。是不是让你有一种和姐妹们一起逛街的感觉？

图 2-11　产品相关推荐

9. 在搜索结果页我们还可以对搜索结果添加一些诸如"正品保障""7天退换"等特殊要求。图2-12所示为在图2-8的结果集中符合"消费者保障""正品品保障"和"假一赔三"条件的宝贝。

图 2-12　条件筛选

总之，在浏览商品信息时，以下几点我们需要多加关注：

1．出价方式：如果是一口价，表示商品的价格是固定的，直接按这个价格支付就可以。如果是拍卖价，也就表示价格是变动的，需要公平竞争，价高者得。当然，一般接受拍卖价的卖家也会给出一个较高的一口价，如果你能够接受，也是可以直接购买的。

2．是否支持支付宝：这个很重要，因为支付宝是对卖家的约束和限制，也是对买家的保护，负责任的卖家当然会支持。如果该商品不支持支付宝支付，那么即使它的款式再新颖、价格再优惠、卖家再热情，你也需要在头脑中对它打个大大的问号了。

3．卖家信用：卖家的信用记录会在页面的右方显示，级别从低到高以红心、钻石、皇冠来表示，级别越高，越值得信任。每个商品的详情页面都会有掌柜档案的同步显示，如图2-9右侧方框所示。

在前面的搜索中你有没有注意到筛选后的结果集中，有很多宝贝都带有"天猫"标识（见图2-12圈选处）。那代表什么呢？它表示，该商品来自天猫。

那么，什么是"天猫"？它与淘宝网又有什么关系呢？

天猫原名"淘宝商城"，是一个综合性购物网站，是淘宝网全新打造的B2C。其整合数千家品牌商、生产商，为商家和消费者之间提供一站式解决方案。提供100%品质保证的商品，7天无理由退货的售后服务以及购物积分返现等优质服务。

> **提示**：所谓"B2C"是一种企业对消费者的电子商务模式。其中，B 是 Business，意思是企业；2 则是 to 的谐音；C 是 Customer，意思是消费者。

天猫和淘宝网的区别主要有以下几点：

1．淘宝网店铺是任何人都可以开的，而天猫是需要公司进行注册的。另外，开个淘宝店不需要缴纳什么费用，门槛比较低；而入驻天猫则需要缴纳一定金额的保证金。

2．天猫里所有的商品都有 7 天退换货保障；而淘宝网则没有。

3．淘宝网上的所有保障，天猫上都必须有；淘宝店铺则可由开店者自由选择是否加入。

4．天猫里还可以进行分销管理，扩大品牌知名度；淘宝店铺则不可以。

5．天猫后台还有数据魔方服务，进行数据分析；淘宝店铺则没有。

简单地说，天猫就像一个品牌集合的商城，而淘宝店铺则像是集市。从正规化和安全性考虑，天猫会比淘宝店铺更有保障一些，可像图 2-13 所示那样，只搜索天猫中的东西。

图 2-13　只在天猫商城中搜索宝贝

二、在京东商城中搜索

1．在浏览器地址栏输入 http://www.jd.com，登录图 2-14 所示的京东商城官网。

图 2-14　京东商城官网

2．如图 2-14 所示在首页顶部的搜索栏中输入搜索内容"裙子"。

3．单击【搜索】按钮，搜索结果页如图 2-15 所示，可以看到在京东商城中与裙子相关的信息也有近17000条呢。

图 2-15 "裙子"的搜索结果

4．还好京东商城同样为我们提供了在结果集中进一步筛选的功能，我们可以根据自己的需要进行相应的选择。如图 2-16 为选择了价格区间为 400～999 元之后的结果集。

图 2-16 以价格为条件的筛选结果

5. 点击感兴趣的商品，可以进入如图 2-17 所示的商品详情页，对商品的具体内容进行了解。

图 2-17　商品详情页

6. 想不想知道别的用户对这件商品有什么疑问、买到这件商品的用户有什么感受呢？在商品详情页面的下部，商品评价和商品问答将用户对该商品的分享汇集出来供你参考，如图 2-18 所示。

图 2-18　商品评价

很多人不敢轻易尝试网上购物，其中一大担心就是怕买来的东西不合适，比如：我们下单买了一条很漂亮的裙子，可是等裙子拿到手时才发现尺码竟然大了；人家模特穿着很可爱的一条小短裙，到我们身上却成了长裙，那可怎么办？

没关系，在图2-17所示的商品详情页中，我们可以根据自己的身材，选择合适的尺码。可是，我不知道那个尺码的具体意义啊！也没关系，京东商城为我们提供了如图2-19所示的尺码对应关系表，如此一来，你肯定就能买到合适的裙子了。

图2-19　尺码对应关系表

有时，也许你并没有明确的购物目标，只是想随便逛逛，那么可以去如图2-20所示的京东商城分类优惠信息中去看看正在促销的商品中有没有你需要的宝贝，或者到图2-21所示的京东商城分类热销区去了解下现在大家都在买什么、什么款式最流行、时下流行的宝贝价位如何等。

图2-20　分类优惠信息　　　　　　图2-21　分类热销

选店铺，寻找更信得过的卖家

你平时逛街是不是有特别钟爱的店铺呢？喜欢一间店跟喜欢一个人一样根本没有固定的标准，也许你是喜欢她温馨的氛围，也许是喜欢她时刻走在前端的时尚，也许是喜欢那个漂亮店主的微笑，也许是喜欢店里那个美丽的风铃，或许什么都说不上来，就是喜欢而已！一间吸引人的小店会给你家的感觉，那么，就让我们一起来寻找那个温暖的港湾吧！

1．在图 2-22 所示的淘宝网首页的搜索栏中选择"店铺"标签。

图 2-22　选择搜索店铺

2．输入搜索关键字，单击【搜索】按钮就会进入如图 2-23 所示的店铺搜索结果页。在淘宝网注册的，所有与搜索关键字相关的店铺都在其中，这里只要再按照要找的店铺选择所在分类就可以了。

图 2-23　搜索店铺结果页

> **提示**　搜索出的店铺结果页是默认排序的，也可按照销量、信用排序，也可以根据介绍对店铺有个初步的了解。

如果你已经知道某个小店不错，那么就可以直接输入店铺名或掌柜名，根据关键字搜索店铺；如果你还没找到合适的店铺，因此并不知道店铺名称，也不知道掌柜姓啥名谁，那么可以在选择店铺标签页后，直接单击【搜索】按钮，在淘宝网帮我们列出的热门类目中选择类别，一步步慢慢找。

可以看到在图 2-23 所示的列表上显示的只是商家的概况，包括卖家名、主营、信用等级等。如果卖家名右侧的阿里旺旺图标是彩色的，表示卖家现在正在线，你可以此时联系他；如果是灰色，就表示他暂时离开，不过店铺还是可以照逛不误的。

淘宝网的店铺分类比较细致，较为热门的类目如图 2-24 所示，按店铺经营的商品类别分为男女服饰、箱包市场、女鞋市场、内衣配饰、运动市场、户外市场等，每一类下还会有更加详细的分类。

图 2-24　淘宝店铺热门类目

搜索结果页的商家可按店铺类型、好评率等由高到低筛选，所以我们选择店铺最好也是根据筛选结果从前往后看，这样更安全。如果你要选择某个特定地区的店铺，可以在"所在地"中进行选择。

图 2-25 显示的是一个掌柜的名片，每一个特殊标志都代表着他通过了一项标准的考核。

图 2-25　淘宝店铺掌柜的名片

打开如图 2-26 所示的店铺主页，店铺相关的一些重要信息会在页面左上方有专门的显示，包括实时状况、认证等级和承诺服务等。

一般在店铺主页的醒目位置都会有卖家发布的一些公告（图 2-27），包括工作时间、信箱、退换货声明等。

发现感兴趣的店铺就可以直接进入了，进入店铺找宝贝的方法和流程跟我们上一节介绍的其实相差不大。

一般的店铺也都会有产品分类（图 2-28）、友情链接等，为了让大家能更方便地找到宝贝，有些店铺还会设置搜索引擎。

在挑选宝贝之前还要记得看一下如图 2-27 所示的店铺公告，这个很重要，因为里面往往包含了一些交易条件、退换货条件、联系方式、议价方式等，其实瞄一眼只需要几秒钟，最好还是不要吝啬这一点点时间啦！

图 2-26　淘宝店铺主页

图 2-27　淘宝店铺公告

图 2-28　淘宝店铺产品分类

淘宝网有店铺，那么其他的网购平台呢？我们如果在京东上想找某一家店的商品要如何操作呢？

首先，京东的店铺与淘宝店铺最大的区别就是，京东是按品牌来区分店铺的，京东的店铺都是以经营某个品牌为主。如图2-29就是京东商城中的人气品牌店铺列表。

图 2-29　人气品牌列表

比如我们想买一件劲霸的夹克，那么首先我们要进入如图 2-30 所示的劲霸官方旗舰店。然后再选择你感兴趣的商品类别，图 2-31 所示就是在劲霸官方旗舰店中选择"夹克"后的商品列表展示页。

图 2-30　劲霸官方旗舰店

网上店铺跟实体店还有一点很大的区别就是，网店的卖家一般态度很好、很热情，你有问题都可以得到很详细很耐心的解答。卖家和顾客的关系一般都似朋友般亲密，如果你对宝贝有什么疑问或者穿衣打扮服装搭配有什么问题，卖家都会给你很贴心的建议。也许这跟大家的交易场景有关，在网店里，卖家和客户并不是直接面对，而是坐在网络的两端，彼此没有直接的对立感，而且在网络里没有人知道你的真实身份，所以大家完全可以卸去防御轻松交流。

图 2-31　劲霸夹克商品列表页

淘宝贝、买二手，精打细算

前面两节我们介绍了两种搜寻宝贝的方法：按宝贝搜索和按店铺（品牌）搜索。一般而言，拥有这两大绝招就已经不怕找不到心中所爱了。但是，也许你想尽善尽美；也许你怕自己不够细致，在走过心仪异性的面前时刚好打了个哈欠；也许你怕还有一朵奇葩"养在深山人未识"；也许你懒到连搜都不愿搜；或者，也许你想贯彻当下政府号召的节俭务实精神，以更低的价格获取更多的东西，那么就让二手宝贝上门找你吧。下面让我们一起去赶集网发布个购买二手自行车的信息吧！

就如开店是把商品罗列出来等着你上门去挑选一样，发布求购信息就是把你要找的宝贝、要求昭示出来等着别人自动送上门，这样就省却了你亲自去千挑万选的麻烦。

1. 在浏览器的地址栏输入 http://www.ganji.com，访问赶集网。
2. 单击页面中部如图 2-32 所示的【免费发布信息】按钮。

图 2-32　单击【免费发布信息】按钮

3. 在如图 2-33 所示的页面中选择大类，比如我们选择"车辆买卖"。
4. 在如图 2-34 所示的页面中选择小类，比如选择"自行车"。

图 2-33　"选择大类"页面

图 2-34　"选择小类"页面

选择好商品所属的类目，这点很重要，因为系统是根据你选择的所属类目来发布求购信息的，而卖家也会在分类信息中寻找需求。换句话说，如果你本来想买护肤类的身体乳液，却错选了女装类，那么你的信息就会在女装类的列表中发布，那就没有合适的卖家看到你的信息了。如果系统发布信息时检测到错误，它就会自动进行处理：转移或删除。一旦被删除，那你就永远也等不到宝贝的"倩影"了。

5．在"填写详情"页，填写你心目中那件宝贝的具体信息。图2-35为赶集网填写详情页，网页上有红色星号标记的为必填项。这些"填空题"代表着你对宝贝方方面面的要求，所以请尽量准确地描述。如果你已经有了清晰的目标，那就在商品名称中写出它的确切名称，包括品牌、型号（当然视不同商品而异）；如

图2-35 "填写详情"页面

果你并不知道它的名字，那就在对宝贝的要求中尽量详细地描述出来，这样将有助于卖家为你寻找最合适的匹配。

> **提示** 发布信息时对宝贝的描述也很关键，因为这是卖家唯一的信息来源，你对商品描述的准确与否会直接影响到卖家的判断。

商品描述信息包括必填项：供需、标题、价格、描述，等等，还有一些非必填项：品牌、类型、照片。

6．将图2-35所示页面的信息填写完整，在图2-36所示的页面中填写登录信息，然后就可以提交发布了。

图2-36 "填写登录信息"页面

7．这时我们就可以安稳地坐在电脑前等着宝贝自动送上门来任你挑选了。但是，还有一个小小的问

题，提交成功并不代表卖家马上就可以浏览到你的要求。因此，你还要经历一个漫长而痛苦的等待过程，当然，你也可以在图 2-36 的页面中选择支付一定的费用，使你的信息及早被更多的人看到。

如果你的信息有人回应，系统会及时提示你去查看。如果有意向，你还需要和卖家进行进一步的交流。

发布求购信息一般是不想自己动手去找，或是已经找得头疼，或者想要进一步筛选的时候才会用。不过，虽然信息发出去了，但是什么时候才能有合适的宝贝出现谁也不知道！有这个等待的时间，不如我们继续逛一趟网上商铺，再多了解几种网上购物的方式，如何？

也许你今天并没有明确的目标，只是想随意逛逛，了解一下当前的流行趋势；也许你不喜欢提前设计好买哪家的东西，而是喜欢在逛的过程中发现心仪宝贝的寻宝乐趣；也许你喜欢在价格最合理的时机购买商品，那么就让我们一起到淘宝网去逛逛吧。

1．打开常用的浏览器，在地址栏中输入 http://www.taobao.com/。
2．点击淘宝网主页上的"网站导航"菜单。
3．如图 2-37 所示，可以看到，"网站导航"下面还有四个子菜单项，分别是"主题市场""特色市场""阿里 APP"以及"精彩推荐集"。

图 2-37　淘宝的"网站导航"菜单项

4．可以根据自己喜欢逛商铺的方式，进入相应的版块进行浏览。

5．炎热的夏季已经来到了，让我们去"主题市场"，选择"女装"，进入图 2-38 所示的"淘宝女装"市场给自己淘件美美的裙子吧。

6．如果你没什么目标，就是想逛逛街，那么"特色市场"版块中的"爱逛街"就是为你量身打造的。快去图 2-39 所示的"爱逛街"版块走走吧。

7．淘宝为了方便大家的生活还开发了许多 APP，比如：可以购物的"淘宝""天猫"；用于支付的"支付宝"；即时聊天的"旺信"；地图定位的"高德地图"（图 2-40）；寄送快递的"菜鸟裹裹"等。快去看看哪一款才是你的菜吧。

8."精彩推荐集"则汇集了大家比较感兴趣的热门版块，如果你一时没有什么好想法，不如跟随大众的脚步随便走一走，也许会有惊喜哦！

图 2-38 "淘宝女装"

图 2-39 "爱逛街"

图 2-40 "高德地图"

加收藏，我要精挑细选

有没有对一件宝贝很感兴趣，虽然因为种种原因而无法立刻下决心去买，但又不想就此错过失去它的踪迹而想随时关注呢？那就把它放入你的收藏夹吧，这样无论什么时候都可以看到它的最新动态，而不用再一次从浩如烟海的商品中苦苦查询，是不是很方便呢？

收藏宝贝的操作也非常方便，比如淘宝网每件商品的详情页都有【收藏商品】按钮，如图 2-41 所示，直接点击就可以了。在"我的淘宝"中可以对已经收藏的商品进行查询。

图 2-41　收藏商品

1. 登录淘宝网，进入"我的淘宝"版块。

2. 在"全部功能"列表中选择"我的收藏"就可以看到如图 2-42 所示的界面。在这里，你收藏的宝贝的一切信息都可以看见，它的交易状况、现在的价格、卖家信息等，一切都逃不过你的火眼金睛。

图 2-42　查看"我的收藏"

假如你收藏的宝贝被别人先下手为强了，那么你是否在感到可惜的同时又后悔当初为何犹豫了呢？这时淘宝网为了弥补顾客内心的小忧伤而设计了与该宝贝接近的同类商品供你挑选。单击图 2-43 所示页面中的【找相似】按钮，即可显示出与该宝贝价格、款式、颜色相近的商品。

淘宝网提供了如此人性化的收藏功能，那么，作为淘宝的旗舰品牌——天猫，是否也具有收藏功能呢？答案是肯定的。

图 2-43　找相似界面

在如图 2-44 所示的天猫商品页中，我们可以看到在商品图片的下方就有"收藏商品"链接。此外，淘宝网和天猫还为我们提供了收藏商品的统计功能，即：人气，它会告诉你，目前有多少人与你一样也收藏了这件商品。

在天猫商城中点击"收藏商品"链接后，会弹出一个如图 2-45 所示的成功加入收藏夹的提示框，提示收藏成功。在该对话框中，我们可以看到刚刚收藏的商品的相关信息；可以在淘宝收藏夹（图2-46）查看所有已收藏的商品；可以立即下载天猫APP。

图 2-44　天猫商品收藏

除了上面所说的可以收藏宝贝以外，你还可以收藏自己喜欢的店铺，这样以后找起来也会方便得多。与单一的一件商品相比，一个店铺会有更大的变化性：什么时候上新款、什么时候有优惠活动、什么宝贝要下架了等都需要我们随时关注，所

图 2-45　收藏成功提示框

以如果你喜欢一家小店，那么就收藏它吧，这样就可以随时、快速地进入小店而不会错过它的任何活动了。收藏店铺的操作也常简单，在如图 2-47 所示的店铺页，单击【收藏店铺】按钮即可。

图 2-46　淘宝收藏夹　　　　　　　　图 2-47　收藏店铺

收藏过的店铺同样可以在"我的淘宝"中找到。

1．登录淘宝网，进入"我的淘宝"版块。

2．在"全部功能"列表中选择"我的收藏"，再选择"店铺收藏"标签页，就可以看到如图 2-48 所示的界面了。店铺的相关信息，一目了然。

图 2-48　查看收藏的店铺

既然淘宝网可以收藏店铺，那么天猫呢？天猫自然也提供了相似的功能。只不过，在天猫中，不是"收藏"，是"关注"；不是"店铺"，是"品牌"。

在商品浏览页中找到该商品的品牌信息部分，如图 2-49 所示，单击【关注】按钮，即可实现关注。

图 2-49　关注品牌

今后只要你登录天猫，在如图 2-50 所示的商城主页，直接单击【我关注的品牌】按钮，就可以查看当前你关注的所有品牌的最新信息了。

图 2-50　查看"我关注的品牌"

此外，你还可以收藏我们用过的搜索条件，不管是用来搜索宝贝、找店铺、查帖子、看求购信息等，都可以收藏，这样以后当你需要搜索同样的信息时，就不用再一次次地重复选择，只要直接使用这个引擎就可以了。

> 提示：与收藏的宝贝相似，你也可以对收藏的店铺进行分类管理。

由此可见，收藏为我们提供了相当的便利，也节省了大量的时间。那么其他的购物网站，比如京东有没有这个功能呢？答案是有的。

在京东中关注某件商品也是件非常容易的事情。

在如图 2-51 所示的商品详情页面中，单击【关注】按钮，将弹出图 2-52 所示的关注成功提示框，在该窗口中，我们可以为商品添加标签，方便以后查看，单击【确定】按钮就完成了对该商品的收藏。

图 2-51　"关注"按钮　　　　图 2-52　关注成功提示框

访问京东官网，输入用户名和密码登录京东，进入"我的京东"版块，在"关注中心"中选择"关注的商品"标签页中就可以看到如图2-53所示的页面，里面列出了你之前关注过的所有商品。在该页面中，我们可以通过按分类筛选或者按标签筛选对关注的商品进行快速定位。

图2-53 查看"关注的商品"

你是否注意到"关注的店铺"标签页呢？京东也提供关注店铺功能。

"关注的店铺"标签页如图2-54所示。赶快去收集你感兴趣的店铺吧！在该页面中，京东还会根据你关注的商品，向你推荐相关的店铺供你选择。

图2-54 查看"关注的店铺"

> 提示：此外，京东商城还提供了"关注的活动"功能，你可以将感兴趣的活动收藏起来，随时关注它的发展动态。

此外，京东还有对比功能。将准备对比的商品添加到如图 2-55 所示的对比栏中，然后单击【对比】按钮。京东会将你想要对比的任意商品放在同一页面（图 2-56）进行对比。这样各个商品孰优孰劣，就会更加清晰、直观。京东支持同时对四件商品进行比较。

图 2-55　京东对比栏

图 2-56　对比结果页

上星期跟朋友一起去了趟海南，习惯了北京的春天，习惯了一起风就眯起眼睛，习惯了干燥的空气，一打开机舱门，湿润的、带着大海气息的空气扑面而来，头顶是湛蓝的天空，眼前是高大的椰子树，耳边是欢快的《请到天涯海角来》，一切都是那么美妙。可是，好像我们已经有点不太习惯了……在尽情地享受了阳光、海浪、沙滩、椰子后，问题也随之出现：海南的阳光。

天啊！谁会想到热带的紫外线会那么强，虽然擦了防晒乳，可是我的脸还是过敏了，红彤彤的像是海南的杧果，必须要采取一些措施了，敷修复面膜！

可是面膜的种类那么多，我的皮肤又如此敏感，该怎么选择？每件商品都只有通用版简介，可是我需要的是了解这件商品是否适合我的皮肤、能否满足我的需求啊……没关系，让我们问一下热心的卖家吧，要知道他们才是最了解自己商品的人哦！

第三章
联络卖家　探听虚实

本章学习目标

◇ 阿里旺旺，与卖家实时沟通

　　介绍下载、安装、登录阿里旺旺，学会使用阿里旺旺与卖家、网友等进行交流。

◇ 站内消息，表达详尽的需求

　　介绍给卖家发送站内消息的方法，并对其中一些常用功能进行了介绍。

◇ 店铺留言，联系离线卖家

　　介绍了与离线卖家交流的方式——店铺留言，包括：添加留言、查看留言等。

阿里旺旺，与卖家实时沟通

一路走到第三章，如果你是跟着我们的操作步骤进行的话，相信不管采用哪种方法，搜店铺、淘宝贝还是直接求购，相信你都已经有了中意的对象。但是，也许还有一些细节不够清楚，想得到卖家实时详尽解答？那好，随我一起走近可爱的阿里旺旺吧。图 3-1 就是淘宝网首页"网站导航"中的"阿里 APP"版块，里面就有"旺信"。

图 3-1　旺信下载链接

初次接触阿里旺旺？对它感觉很陌生？没关系，聊过 QQ 吗？其实阿里旺旺和 QQ 一样，也属于即时通信工具，它们的主要功能都是实现网络上的实时交流。

与 QQ 相比，由于阿里旺旺是阿里巴巴公司专门为淘宝交易开发的软件，所以在其页面设计上有着更加鲜明的特色。

下面让我们一起去下载并安装阿里旺旺吧。

1．单击淘宝主页中的【旺信】按钮。
2．弹出图 3-2 所示的阿里旺旺或千牛的版本选择页面。

图 3-2　选择阿里旺旺或者千牛

> 阿里旺旺根据使用者的不同分为两个版本：买家用户使用的阿里旺旺和卖家用户使用的千牛。本节我们要使用的是买家用户的版本。

3．针对不同的操作系统，阿里旺旺与千牛提供了不同的版本，包括：图 3-3 所示的阿里旺旺电脑版、图 3-4 所示的阿里旺旺手机版、图 3-5 所示的千牛电脑版以及图 3-6 所示的千牛手机版。

图 3-3　阿里旺旺电脑版　　　　　　图 3-4　阿里旺旺手机版

图 3-5　千牛电脑版　　　　　　　　图 3-6　千牛手机版

4．作为买家，我们选择"阿里旺旺"，进入阿里旺旺下载页面。

5．单击图 3-3 中的【立即下载】按钮，在弹出的图 3-7 所示的"新建下载任务"对话框中进行相应的设置。

6．单击【下载】按钮，待如图 3-8 所示的下载进度完成后，即开始安装了。

图 3-7　"新建下载任务"窗口　　　图 3-8　正在下载

7．双击下载完成的安装文件。

8. 在图 3-9 所示的窗口中点击"许可协议"。

9. 阅读"阿里旺旺使用许可协议",并点击【确定】按钮,如图 3-10 所示。

图 3-9 安装窗口　　　　　　　　图 3-10　阿里旺旺使用许可协议

10. 勾选"已阅读并同意许可协议",单击【自定义选项】按钮并设置安装路径,如图 3-11 所示。

11. 在如图 3-12 所示的"选择安装路径"窗口中,设置你准备用于安装阿里旺旺的路径。

> **提示** 你可以根据磁盘空间的实际情况选择安装路径。在这里,我们使用的是默认的安装路径。

图 3-11 勾选"已阅读并同意许可协议"　　　图 3-12　"选择安装路径"窗口

12. 单击【确定】并点击【快速安装】按钮,进入安装环节,将显示如图 3-13 所示的"正在安装"窗口。在该窗口中,我们可以实时地看到当前的安装进度。

13. 当出现图 3-14 所示的阿里旺旺登录窗口时,表示阿里旺旺已经成功地安装到我们的计算机中了。

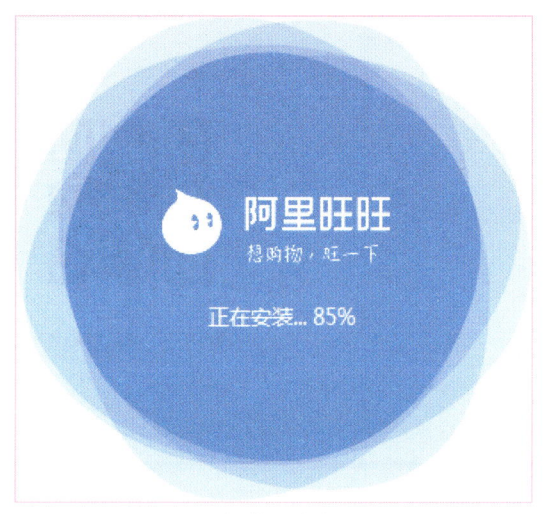

图 3-13 软件在安装过程中

图 3-14 "阿里旺旺登录"窗口

阿里旺旺为我们提供了两种登录方式：如图 3-14 所示的通过输入用户名、密码的方式登录；如图 3-15 所示的通过旺信扫描二维码的方式登录。

> 提示：阿里旺旺支持在会员名框中输入会员名、手机号或者邮箱进行登录。

图 3-15　阿里旺旺二维码登录窗口

这里，我们采用前一种登录方式，即输入在前面章节中注册的会员名和密码，然后单击【登录】按钮。

14. 阿里旺旺将对你提供的登录信息进行验证。如果你忘记了自己的登录密码，可以通过登录页面底部的"找回密码"功能找回密码。

15. 为了使用户能够更方便地了解阿里旺旺的新功能，首次登录时会显示如图3-16、图3-17以及图3-18所示的功能介绍页面。

图 3-16　阿里旺旺功能介绍窗口 1　　　图 3-17　阿里旺旺功能介绍窗口 2

16. 点击图3-18中的【立即开启】按钮，即可进入主页面。

17. 登录成功后的窗口如图3-19所示，这是包含了阿里旺旺的所有操作，我们将在下面进一步介绍其具体的使用方法。

个人信息区显示当前登录账户的用户名，在这里你可以通过点击"编辑你的个性签名"链接，将自己的状态或感受发布出来。另外，在这里你还可以设置自己的状态，包括：我有空、忙碌中、不在电脑旁以及隐身。右侧的天气信息区域会显示你当地的天气情况，为日常生活提供帮助。

图 3-18　阿里旺旺功能介绍窗口 3

平时购物时经常会用到的功能，比如：我的焦点、我的淘宝以及我的钱包等，都集中在常用功能区，点击相应的功能按钮，即可便捷地进入相应的操作页面。

阿里巴巴是一个提供多种不同服务的综合性电子商务网站，在友情链接区拥有直达这个大家庭其他成员的入口地址。

阿里旺旺既支持淘宝账户登录，也支持阿里巴巴账户登录，进入阿里旺旺后可以做出选择，如图 3-20 所示。

图 3-19　阿里旺旺登录成功后的窗口

图 3-20　阿里旺旺登录方式选择

淘宝网、阿里巴巴以及其他许多行业网站都支持基于阿里旺旺的交流方式，所有人都任你寻找、添加，想聊就聊。当然，阿里旺旺不仅仅局限于文字交流，它还可以提供语音聊天和视频聊天，而这三种方式自然是各有千秋。

即时文字通讯：直接发送消息，只要对方在线，就能立刻得到回应，商品状况、交易条件、付款等所有的细节，卖家都会为你一一解答。

语音聊天：如果你觉得打字太慢，又心疼那昂贵的电话费的话，那就选择阿里旺旺的免费语音聊天功能吧，只需拥有一个麦克风，就可以和对方自由交谈。

视频聊天：还是觉得耳听为虚、眼见为实，只有亲眼看到要买的宝贝才能放心吗？满足你！只要去买一个摄像头，视频影像功能让你清清楚楚、真真切切、明明白白、安安心心地买到心仪的宝贝。

添加联系人是我们用阿里旺旺进行交流的第一步，图3-21是查找/添加联系人的对话框，通过它我们可以寻找到联系人。

现在让我们一起来查找并添加联系人吧！我们可以通过以下四种方法查找。

● 方法一：选择"按账号查找"

如果你想添加某人为好友，并且已经确切知道对方登录名的话，那么就可以选择"按账号查找"。

1. 选择"基本查找"标签页，单击【按账号查找】单选钮。
2. 在图3-21所示的窗口中的"会员名"输入框中直接输入其会员名。
3. 单击【查找】按钮。
4. 在筛选出的如图3-22所示的用户列表中，选择需要添加的联系人，单击【加为好友】按钮。

图3-21 选择"按账号查找"方式　　　　图3-22 筛选结果列表

5. 在弹出的如图3-23所示的"安全验证"窗口中输入验证字符，单击【确定】按钮。
6. 在图3-24所示的"添加好友成功"窗口中选择将好友归类的组，单击【完成】按钮即可。

图 3-23 "安全验证"　　　　　图 3-24 "添加好友成功"

● 方法二：选择"找可能认识的人"

阿里旺旺会根据你的关注信息和地域帮你寻找联系人。

1．选择"基本查找"标签页，单击【找可能认识的人】单选钮。

2．单击【查找】按钮。

3．在如图 3-25 所示的筛选出的联系人列表中选择需要添加的联系人，单击【加为好友】按钮。

4．其后的操作步骤同方法一。

● 方法三：选择"按真实姓名查找"

用户使用淘宝账号登录淘宝网、淘江湖、旺旺或其他淘宝产品可检索淘江湖平台收录的用户简单信息。

1．选择"基本查找"标签页，单击【按真实姓名查找】单选钮。

2．在如图 3-26 所示的"会员姓名"文本框中输入会员姓名信息。

3．初次使用该功能的用户，会看到图 3-27 所示的"同意协议"对话框，单击【同意协议并查找】后即可开始查找。

4．后续操作步骤同方法一。

图 3-25 "可能认识的人"列表

图 3-26 "按真实姓名查找"对话框　　　　图 3-27 "同意协议"对话框

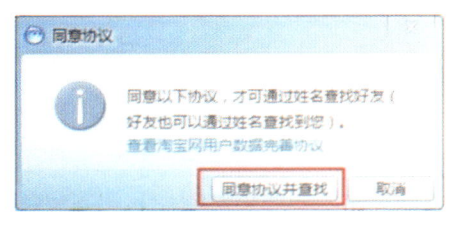

● 方法四：选择"高级查找"

可以根据自己的需要查找/添加联系人。在如图 3-28 所示的各下拉列表框中可以任意选择所要查找的联系人信息，比如：账号类型、国家、省份、城市、性别、年龄、职业等。

还有一点，如果你不想被太多的陌生人打扰的话，你可以设置好友验证。就是当别人

图 3-28　"高级查找"对话框

查找到你，只有通过了你的验证以后，才能添加你为好友开始交谈，图 3-29 就是最常见的聊天界面，它很直观，操作起来也很方便。

这是最普通的谈话界面，如不特别设定的话，界面右方显示的是你谈话对象的基本信息。

图 3-29　阿里旺旺聊天对话框

聊天的同时，我们还可以传输文件或图片，图 3-30 是传输文件菜单，阿里旺旺有比普通即时通讯更好的稳定性和更快的速度。

有没有文件需要传送给网络那头的好友？有没有图片想要跟他分享？那么就

用阿里旺旺的传输文件吧。超大的文件容量，迅捷的传送速度，稳定的传输环境，还有断点续传功能，这一切都可以保证你的文件准确迅速地传送到位。

现在让我们来看看图3-31圈出的小工具是什么？

图3-30　传输文件菜单

计算器！是不是感到很惊奇？对于我们这些要做买卖的生意人来说，这个不需要随身携带又可以随时使用的计算器是不是很有用呢？而且这台计算器是采用软键盘输入，即你可以直接用鼠标点击输入，而不用理会那些麻烦的数学符号。

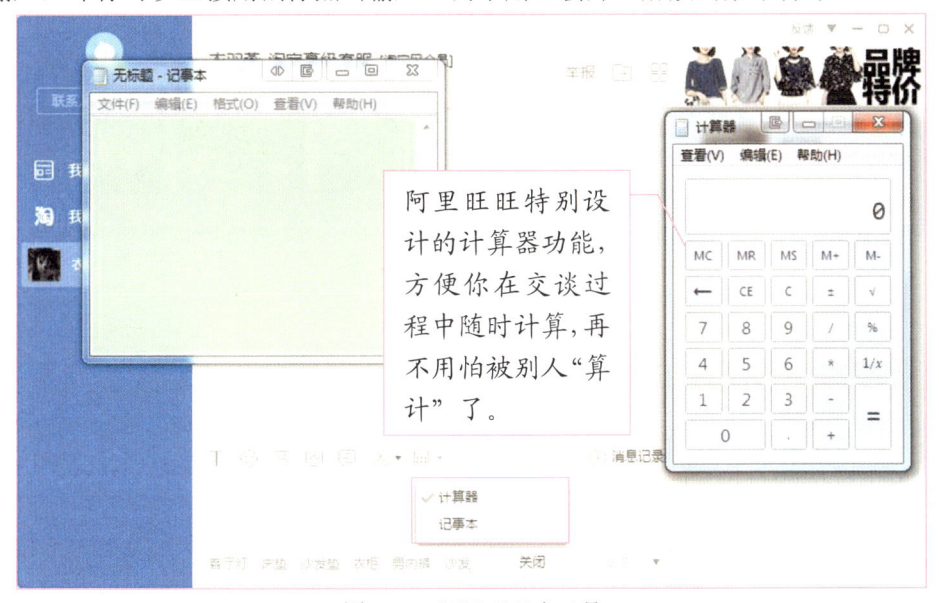

阿里旺旺特别设计的计算器功能，方便你在交谈过程中随时计算，再不用怕被别人"算计"了。

图3-31　阿里旺旺小工具

除了计算器功能，贴心的淘宝还为做买卖的你量身定做了焦点图、记事本等功能。

焦点图是指在双方谈论时，交谈涉及的宝贝会出现在页面中，你可以直接查看而无须再专门打开网页。

记事本则是可以快捷新建的文档，你在交谈中可以随时记录下需要保存的信息，而不需要再在电脑中执行"新建文档"的操作。

还有，只要你的阿里旺旺在线，那么所有你收到的留言、评价、成交和投诉，阿里旺旺都将即时给予提示，使你不会错过任何一条消息。

图 3-32 是阿里旺旺提供的淘助手窗口，包括我的淘宝、买到的宝贝、购物车、支付宝、竞拍宝贝、卖出的宝贝等。

图 3-32　阿里旺旺淘助手

提示　"我的淘宝"是我们在淘宝上的一个小窝，里面有我们在淘宝所有动态的记录。对此，我们在下一章中会有专门的介绍。

最后还要特别指出的就是图 3-33 所示的阿里旺旺的群功能。

"群"是一个集合，旺旺群就像是你的一个私人会所，它是一个多人交流空间，你可以把你的朋友加进一个群，这样我们这些有相同趣味、相似爱好的好朋友就可以一起聊天、一起讨论了，朋友多多，自然欢乐多多！

首次使用群功能时，要先在图 3-34 所示的窗口中启动群功能。

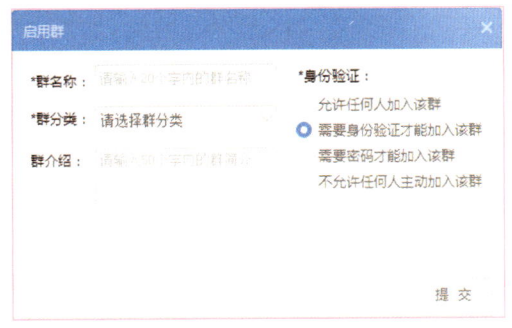

图 3-33　阿里旺旺群聊天窗口　　　　图 3-34　"启用群"

在群里，你可以认识到更多的新朋友，可以更加及时地了解到卖家的商品动态，可以跟好朋友一起交流淘宝经验，买到物美价廉的宝贝，还可以发动有相同意向的群友一起进群聊天，所有人都可以看见别人说的话，是不是很有小时候大家七嘴八舌大讨论的感觉？

站内消息，表达详尽的需求

通过上一节的学习，是不是觉得阿里旺旺很可爱呢？它快捷的传输速度，夸张的搞笑表情，稳定的网络环境，实用的小工具一定都给你留下了深刻的印象。

下面我们将为你介绍另外一种购物网站的联系方式：站内信件。站内消息其实相当于我们日常使用的电子邮件，可以用来传达各种信息。只要你成功登录购物网站，就可以在图 3-35 所示的位置看到其链接图标。

图 3-35　站内消息标识

相对于阿里旺旺来说，站内消息只是另一种交流方式而已，它们之间并没有孰优孰劣。只是阿里旺旺更侧重于即时交流，而站内消息则更侧重于信息的详细内容。至于要选择哪种方式就纯粹是个人爱好了，就如同有些人喜欢电话的快捷，也有些人却仍然钟情于信纸上的墨香一样。

1. 访问淘宝网。
2. 输入用户名、密码进行登录。

3. 选择图 3-35 所示页面中的"消息"菜单项。
4. 在图 3-36 所示的页面中，可以查看当前你所有的互动数据。

图 3-36　消息中心

图 3-37 所示的界面大家一定都不陌生，这个就是站内信件（私信）的编辑页面，包括"私信给"和"内容"两项内容。"私信给"栏中，直接填写对方的用户名，"内容"中可以插入表情，最大长度为 200 字，编写私信完毕后，单击【发送】按钮，即可发出。

选择"消息"中的"设置"菜单项，可以在图 3-38 所示的页面中对提醒的内容等进行设置。

图 3-37　"写私信"窗口

图 3-38　消息设置

在这里，你可以选择当新消息到来时，通过哪些方式来告诉你，比如手机客户端。另外，你还可以按照分类来设置需要提示的消息，比如：降价提醒、物流变化等。你也可以根据淘宝的服务方来选择需要哪些服务消息提示。

下面给出的几种消息类型，涉及我们日常购物的进度和安全，建议大家将其设置为开启。

淘宝物流：当订单发货、派件、签收时的消息通知。

阿里钱盾：向消费者及卖家推送安全提醒，保障网购安全。

逆向交易：在申请退款、售后或维权过程中，订单状态发生变更时的消息提醒。

淘宝 VIP：你的淘宝等级变化时，会告诉你随着等级变化所拥有的特权。

那么，其他的购物网站是否也为我们提供了与其他淘友沟通的渠道呢？答案是肯定的。

在京东商城，我们就可以在购买商品前后，通过查看和发表商品评价（图 3-39）及晒图（图 3-40）等方式与其他网友交流购物经验、分享使用心得。

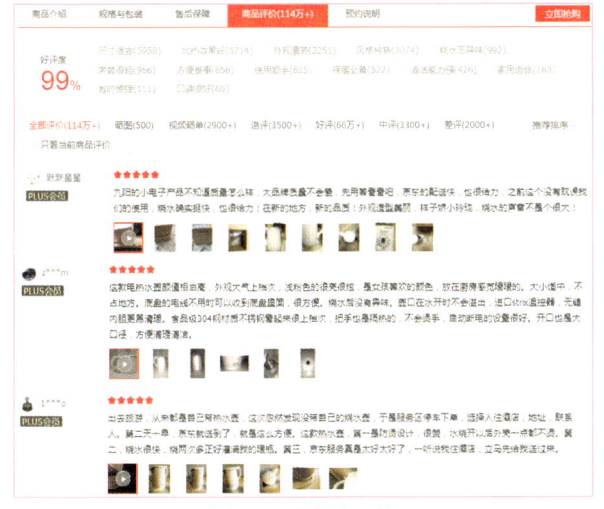

图 3-39　商品评价

图 3-40　晒图

店铺留言，联系离线卖家

如果遇到看上一件宝贝的时候卖家恰好不在线，我们该怎么办呢？你可能会说，我们有阿里旺旺嘛。没错，你可以在如图 3-41 所示的阿里旺旺聊天窗口中给离线卖家留言，待其上线后，就可以看到你的信息了。但是，如果我们既不想再麻烦地登录阿里旺旺，也懒得去大篇幅地写一封站内信，或者我们所在的购物网站并不支持阿里旺旺交流呢？那么就直接留言咨询吧！

卖家看到以后将会及时地给予回复，而且回复后还会显示在共享页面中（图 3-42），所有人都可以看见你的问题和掌柜的解答，说不定还可以帮助到和你有同样困扰的人呢。

图 3-41　用阿里旺旺给离线卖家留言

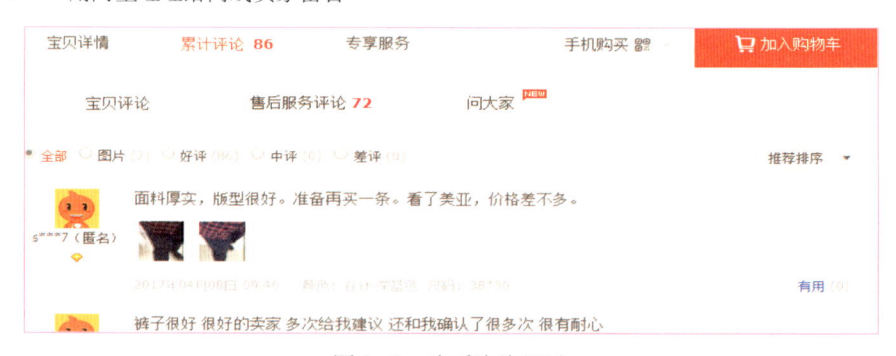

图 3-42　查看咨询记录

发布咨询的方法也十分简单，单击图 3-42 所示页面中的"问大家"链接即可。

> **提示**　咨询留言是按时间顺序显示的，最新发布的排在最前面，如果本页没有完全显示，你可以单击"浏览所有咨询信息"链接，查看所有咨询留言。

如果你要咨询的问题是关于具体某一个订单等较为私人性的问题，并不想与他人分享，那也没问题。我们可以通过给商家的在线客服（不管其当时是否在线）留言的方式进行咨询，京东商城的"商家在线客服"对话窗口如图 3-43 所示。我们可以看到，如果当时客服不在线，对话窗口中会给予提示，此时你仍然可以留言给他，待其下次登录时接收，客服的回复信息将显示在图 3-44 所示的"我的京东"—"消息精灵"中。

图 3-43　京东"商家在线客服"窗口

图 3-44　在"消息精灵"中查看客服回复

周末在家，阳光明媚，闲来无事收拾房间，把许久未穿的衣服拿出来晾晒，不曾想却在箱底翻出一件红色的T恤衫，看着它，儿时的记忆便浮上心头。

记得还是初一那年，我们班的音乐队要参加学校的歌咏比赛，我是队长，给队员们"设计"的统一服装是女生白衬衫外搭红色T恤衫，因为觉得这样看起来会很漂亮。大家都赞同我的意见，于是星期天下午我们九个女生一起浩浩荡荡地开进了服装市场。

那时候大家都是学生，手头并不宽裕，所以为了能买到最便宜的衣服足足逛了整个下午，全部人七嘴八舌地一起砍价，到最后终于有一家店老板被我们打败，便宜卖给了我们。买到后大家立刻换上，九个人穿着一样的白衬衫外搭红色T恤衫走在街上，觉得自己简直就是英雄。

比赛结果已经不记得了，而呼啦啦一群人一起砍价的阵势却记忆犹新。现在，让我们在网上再体验一回团购的乐趣吧！

第四章
果断出价　该出手就出手

本章学习目标

◇ 秒杀价，看上它就马上拥有它

　　介绍什么是秒杀价商品；学会如何在网购平台上搜索、选择、购买一口价的商品。

◇ 参加竞拍，体验拍卖会的乐趣

　　介绍参加网上竞拍活动的流程，与你一同去享受拍卖会的乐趣。

◇ 体验团购，团结就是力量

　　介绍什么是团购以及几个常用的团购网站。以在淘宝网、大众点评网进行团购为例，介绍团购的操作步骤。

秒杀价，看上它就马上拥有它

有时，你是不是会觉得为一点银子跟老板争来争去，费尽唇舌实在很伤你的淑女风范，但是如果不还价的话又不甘心就这么任人宰割？最理想的情况就是老板为你报出一个已经很公道的价钱，你只需要直接接受就一切搞定！网购中的秒杀价就是一种限时、限量、折价销售的交易形式，如果你乐意接受卖家报出的价钱，那么就可以立刻购买了。

下面我们以京东商城为例，介绍寻找、购买秒杀价商品的操作步骤。

1. 进入京东商城页面，其导航栏如图4-1所示。

图 4-1　京东商城导航栏

2. 点击【秒杀】导航项进入"京东秒杀"页面，如图4-2所示。在这里可以看到正在进行秒杀销售的商品，每种商品都标出了相对原价格的优惠价以及当前的销售进度情况。

图 4-2　正在秒杀的商品

3. 京东商城细心地将所有的秒杀产品进行了分类，方便我们查找。图 4-3 就是京东商城秒杀商品的分类列表。

4. 选择感兴趣的子类型，逐渐搜索到需要的商品。搜索结果商品列表如图4-4所示。

图 4-3　秒杀商品的分类

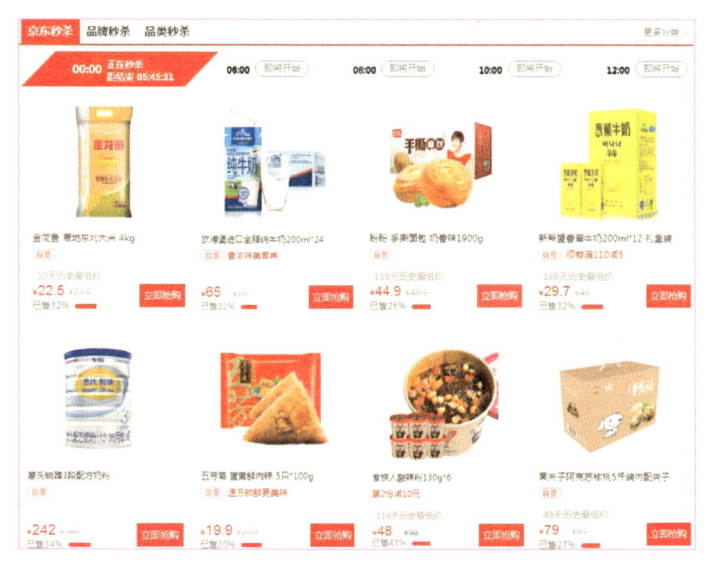

图 4-4　正在秒杀的商品列表页

5. 选择其中你感兴趣的商品，点击【立即抢购】将打开如图 4-5 所示的该秒杀商品的详情页。在这里我们可以看到商品的基本情况和出价方式。如果你对详情页介绍的商品情况满意，可以点击页面下方的【加入购物车】按钮稍后去结算（注意，必须在秒杀规定的时间内结算才有效），或者点击【一键购】按钮立即结算。这里我们选择后者直接进入如图 4-6 所示的结算页面。

图 4-5　秒杀商品详情页

图 4-6　商品结算页面

6．在此需要对送递地址、配送方式、支付方式及发票信息等进行核对和选择，完成后点击【提交订单】即可进入图 4-7 所示的"京东收银台"结算页面。

图 4-7　"京东收银台"页面

7．选择用于支付的银行并确认所要支付的金额后，点击【立即支付】按钮，这时你的手机会收到京东商城发出的验证码，同时电脑上会出现图 4-8 所示的"支付验证"提示框。

图4-8　输入手机上的验证码

8．在"支付验证"提示框中正确地输入收到的验证码后，点击右侧的【确认】，随后就会看到图4-9所示的购买成功提示页面，表示该秒杀商品已购买成功。

图4-9　购买成功

9．现在微信支付很方便，在第6步操作时你也可以点击图4-7下方的【微信支付】。点击后将会出现图4-10所示的"微信支付"页面，用你的手机扫描图中的二维码图案即可完成支付。

图4-10　用微信支付

参加竞拍，体验拍卖会的乐趣

对于电视里富商大贾为了争夺一件珠宝、一个古董在拍卖会上频频举牌的一掷千金还记忆犹新吧？拍卖会进行到最紧张的时刻，往往是只有最后两位争夺的买家在心里较量的时刻，那时的每一次举牌都是勇气的角斗，拍卖师的每一次喊价都是对手的示威。直到大锤敲落的那一刻，所有的人才都松了一口气。所以，拍卖玩的就是心跳！如果你也想体验一下这种心跳的感觉，那么就来京东商城的拍拍夺宝岛中一试身手吧。

拍拍夺宝岛的拍卖方式采用的是最普遍的荷兰拍卖法，即价高者得。看上一件宝贝，就赶快出价吧，因为好东西可不是只有你一个人喜欢哦！在拍拍夺宝岛中参与拍卖的操作流程如图 4-11 所示。

图 4-11　夺宝流程

1. 在浏览器输入网址 http://paipai.jd.com/auction-list/，进入"拍拍夺宝岛"页面如图 4-12 所示。

2. 你可以通过浏览图 4-13 "即将夺宝"商品列表和图 4-14 所示的"正在夺宝"商品列表选择感兴趣的商品。

图 4-12　拍拍夺宝岛

图 4-13　"即将夺宝"商品列表　　　图 4-14　"正在夺宝"商品列表

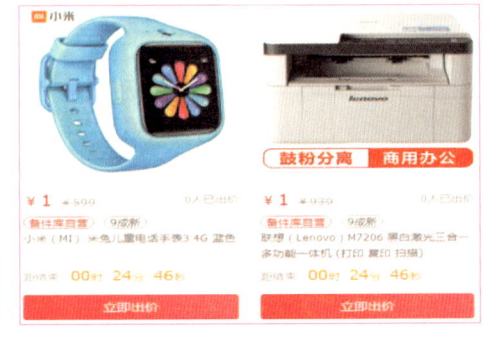

看到你感兴趣的商品时，点击其图片就可以进入图 4-15 和图 4-16 所示的商品详情页面。

图 4-15　8 成新的商品

图 4-16　7 成新的商品

3．在商品详情页的下部，我们可以方便地看到如图 4-17 所示的"购买咨询"，如果你是第一次参与这类活动，建议还是花些时间仔细阅读一下，做到心中有数。此外，图 4-18 所示的"分级标准"也是需要关注的内容。

4．网上的卖家为了吸引人出价往往会把起价定得很低，所以即使看到一件宝贝只有 0.01 元也不要惊讶，快点出手才是王道。输入你准备出的价格，单击【立即出价】按钮即可出价。

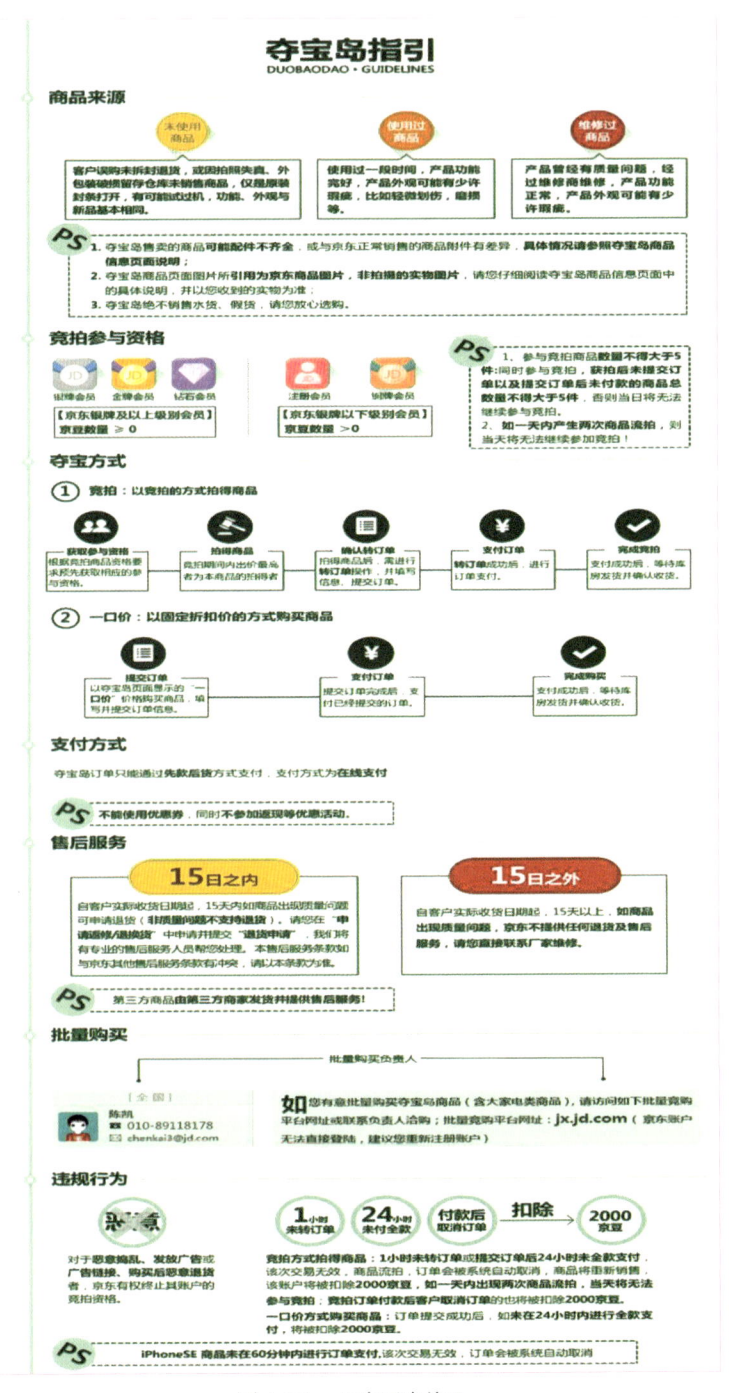

图 4-17 "购买咨询"

第四章　果断出价　该出手就出手

图4-18　"分级标准"

当然，如何出价也是非常有讲究的。最简单的，比如像图 4-19 所示那样出价，是不允许的。此外，还需要按照卖家规定的出价幅度出价，即：出价差额必须是规定幅度的倍数。

图4-19　错误的出价

是不是有点小激动了呢？但是，出价时最好还是要保持冷静，因为从图 4-17 所示的"购买咨询"中我们可以看到，你在拍卖成功后，如有未转单、未支付、取消订单、拒收订单等操作，系统将会扣除你 2000 个京豆作为惩罚。这是京东商城网站为了防止恶意竞拍、建立良好的拍卖环境而采取的措施。

体验团购，团结就是力量

还记得小时候最喜欢和好朋友穿一样的衣服去上学吗？背着书包走到街上都觉得特别高兴，如果有人过来问：好漂亮的两个小姑娘啊，是不是双胞胎啊？心里更是乐开了花！可是长大了以后，我们开始追求个性，我们要独一无二，撞衫成了不可忍受的事情。现在让我们开始体验团购，好东西当然要和大家分享咯！此外，参与团购可是能够得到真正的实惠的——团购买来的商品价格会比单买的价格便宜很多。这么说来，应该会有很多的团购网站了吧？是的，团购类的网站有很多，如图 4-20 所示的就是大众点评团购首页面。大众点评团购是中国领先的本地生活消费平台，它致力于为消费者提供美食、电影、休闲娱乐、酒店旅游、婚庆亲子、购物等生活服务信息，是你身边的消费导航。大众点评团购的网址为：http://t.dianping.com。

图 4-20　大众点评团购首页面

现在，团购已经成为一种流行，大到家用大电器，小到一杯饮料，团购使买家和卖家达到了一种双赢的和谐局面。买家能够以更优惠的价格享受到正价的服务和商品，卖家虽然每单的利润少了，但是由于团购带来的大客流量，同时能为商家带来薄利多销的机会。

目前团购网站主要提供两类业务，一种是虚拟类产品的团购，主要包括以下几类：餐饮美食、电影演出、休闲娱乐、美容美发、健身康体、摄影写真、教育培训、其他服务等；另一种是实物类商品的团购，主要包括：服装服饰、鞋帽箱包、运动户外、家居家纺、个护化妆、金银首饰、数码电器、食品保健、母婴童装、图书音像、电子书等。

随着团购业务的迅猛发展，团购一词早已成为网络购物的热门话题。图 4-21 是在任意一个搜索引擎（比如百度）中输入"团购"，可以搜索到很多与团购相关的信息。

图 4-21　在百度搜索团购

现在的团购网站非常多，下面让我们一起去认识几个比较有特点的常用团购网站。

图 4-22 所示的好团网首页面，是团购导航网站。它汇集了美团网、拉手网、百度糯米、大众点评团购等多家团购网站的每日团购推荐信息！包括：餐饮、娱乐、休闲、酒店、电影票等各种生活团购信息。好团网的网址为：http:// hao224.com。

图 4-22　好团网首页面

图 4-23 是美团网首页面。成立于 2010 年 3 月美团网，最初是通过抓住"吃"这个大众最习惯的消费方式来吸引、保留用户，在此基础上逐渐延伸到购物、娱乐、出行等领域，获得了极大的成功，2018 年年交易金额达到 5156 亿元。

美团网的网址为：https://meituan.com。

图 4-23　美团网首页面

去哪儿网站是为人们提供机票、酒店、签证、旅游等服务的网站。图 4-24 是其团购首页面，在这里经常可以找到一些比较实惠的团购项目。去哪儿网的网址为：https://www.qunar.com。

图 4-24　去哪网的团购首页面

图 4-25 所示的是驴妈妈旅游网首页面，该网号称有最新最全的景点团购信息，能提供最好的旅游团购服务。驴妈妈旅游团购网的网址是：http://www.lvmama.com。

图 4-25　驴妈妈旅游网首页面

百度糯米是百度公司旗下连接本地生活的服务平台，是百度三大 O2O 产品之一，其前身是人人旗下的糯米网。原糯米网在 2010 年 6 月上线，2014 年 3 月正式更名为百度糯米。百度糯米汇集美食、电影、酒店、休闲娱乐、旅游、生活服务、丽人、结婚等众多生活服务的相关产品，并先后接入百度外卖、携程、百度快行资源，一站式解决与生活服务相关的问题。其网站首页面如图 4-26 所示。百度糯米的网址为：http:// www.nuomi.com。

图 4-26　百度糯米首页面

想来你已经发现，同样是团购网站，它们的类型也不尽相同，经营的内容也各有侧重。有的是专业的团购网站，比如：百度糯米；有的是专业的团购信息收集网站，比如：好团网；有的是由经验分享网站发展而来的，比如：大众点评网、驴妈妈旅游网；有的是专业的网络购物网站，团购是其中的一个版块，比如：国美"真划算"版块下的"品牌团"栏目。

那么作为老资格的网购平台——淘宝网有没有提供团购功能呢？图 4-27 所示的"聚划算"版块就是了。聚划算是淘宝推出的一种全新的促销方式，每天为大家带来海量的团购商品，每日精选出优良的团购商品供淘友选择。聚划算的网址为：http://ju.taobao.com。

图 4-27　聚划算首页

聚划算里又分为以下几个版块：图 4-28 所示的品牌团、图 4-29 所示的非常大牌、图 4-30 所示的聚名品、图 4-31 所示的全球精选以及图 4-32 所示的量贩团。

图 4-28　品牌团　　　　　　　　　　图 4-29　非常大牌

第四章　果断出价　该出手就出手

图 4-30　聚名品

图 4-31　全球精选

图 4-32　量贩团

怕买到假货吗？来聚名品吧。它汇集了各种国内外知名品牌，参与聚名品的商家，都是承诺提供 100%正品、免费退货、全场包邮服务的优质店铺。

> **提示**　品牌团中，按照商品的不同类型，将品牌分为"女装饰品""精品男士""鞋类箱包""内衣配饰""运动户外""母婴童装""美容护肤""食品百货""数码家电""家装车品"等几大类。

"量贩团"是"聚划算"于 2013 年推出的一个版块。在这个版块中，主打的是居家和生活类用品，购买的单位一般都是"箱"，这种量贩模式吸引了很多人拼团，从而狠狠抢了一把线下超市的生意。

下面我们就以在淘宝网团购一件女士 T 恤衫为例，具体介绍在聚划算参加团购的步骤。

1. 在地址栏输入 http://ju.taobao.com，进入聚划算首页（图 4-27）。
2. 点击导航栏中的【品牌团】，进入图 4-33 所示的聚划算品牌团版块。

图 4-33　聚划算品牌团

3. 选择"女装饰品"标签页。从图 4-34 中我们可以看到许多熟悉的品牌都赫然在目。

图 4-34　品牌列表

4．找到并点击页面中的"VERO MODA"的图标，进入图 4-35 所示的页面，里面以图片列表的形式展示了当前品牌正在销售的团购商品。其中包括原价、团购价格以及目前有多少人已经购买等信息。

图 4-35　团购商品列表

5．单击你中意的商品，进入图 4-36 所示的商品详情页。在商品详情页的下面，可以查询到图 4-37 所示的具体商品信息以及图 4-38 所示的历史评价。

图 4-36　商品详情页　　　　　　　　图 4-37　具体商品信息

图 4-38　历史评价

6. 单击图4-36中的【马上抢】按钮，如果你之前已经登录淘宝网，那么将直接跳转到图4-39所示的产品购买页面，立即抢购。如果你之前还没有登录，那么将弹出图4-40所示的登录框，扫码或者输入用户名及密码后，即可登录聚划算。

7. 我们可以看到，图4-39所示的产品购买页与普通商品的产品购买页略有不同，它会提醒你需要在1小时54分钟内完成付款，否则你的订单将会被系统自动关闭，因此看好的商品一定要及时买定离手哦。

图4-39　聚划算商品购买页　　　　　　图4-40　登录聚划算

提示　图4-39的商品购买页中会提示该商品正在参加聚划算活动，还有多长时间将结束。

8. 单击【立即购买】按钮，聚划算会自动将页面跳转到商品的下单页面（图4-41），只要在规定时间内完成下订单、支付的流程后就可以坐等商品上门啦。

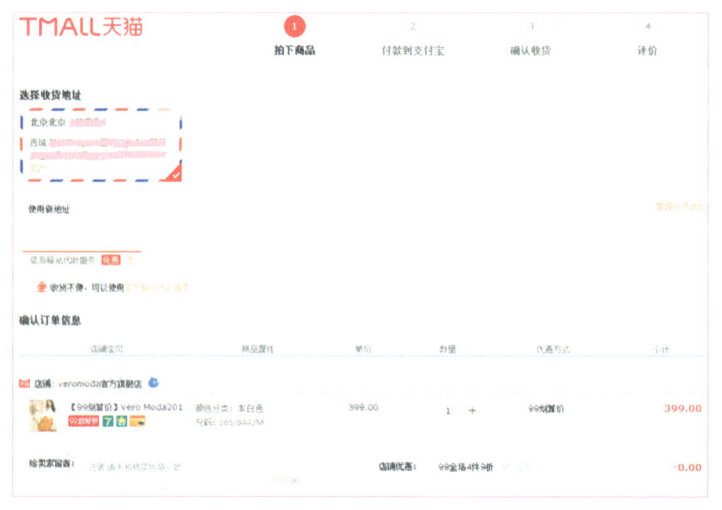

图4-41　下单页面

怎么样，以从来只能看着眼馋的团购价格买到心仪的商品，是不是很有成就感？呵呵，团购的魅力可不止于此哦，下面让我们去专业的团购网站——大众点评团购购买一张甜品代金券，花更少的钱，吃到相同的美味，让别人羡慕吧！

1．在浏览器地址栏输入 http://t.dianping.com，进入图 4-42 所示的大众点评团购首页面。

图 4-42　大众点评团购首页面

2．选择你所在的城市，这里我们选择"北京站"进入图 4-43 所示的大众点评团购北京站首页面。

3．由于在大众点评团购只有登录后才能团购、发表评论，所以，我们先单击图 4-43 中的"注册"超级链接。

图 4-43　大众点评团购北京站首页面

4．在图 4-44 所示的注册页面中，填写手机号、动态密码以及长度为 8～32 位字符的密码等信息。

5．仔细阅读《美团点评平台用户服务协议》《隐私政策》后，勾选"阅读并同意大众点评网以下政策协议"选项。

6．单击【立即注册】按钮，即可成功完成注册。是不是很简单？

现在你已经拥有了大众点评网的账户，这样你就可以随时登录进入该网了。

登录大众点评团有多种方式，既可以用手机号码加动态码的方式，也可以通过输入你的 QQ 账号和密码（图 4-45）或用微信的扫一扫功能（图 4-46）登录。

图 4-44　填写注册信息

图 4-45　通过 QQ 账号和密码登录　　图 4-46　用微信扫描二维码登录

7．注册成功后，大众点评团将自动帮你登录其网站，在这里可以找到包括吃喝玩乐在内的各种服务信息。

8．依次选择筛选条件，逐步定位你需要的商品。比如，有老朋友来了，我们要请客人吃饭，可以在选择"美食"大类后，从"商区""菜系""地标""氛围"等分类来确定自己希望的饭店，如图 4-47 所示。

图4-47　通过分类来筛选目标

9. 我们还可以将筛选出的结果集排序（按智能、好评、口味、点评最多、环境最佳、预订优先）以及再次筛选（有团购、可订座、可外卖）。如图4-48及图4-49所示。

图4-48　按"好评"排序的结果

图 4-49　按"人气"加"有团购"排序的结果

10. 选择你感兴趣的商品，单击对应图片，进入图 4-50 所示的商品详情页。在该页面，我们可以看到具体的团购信息，比如：原价、团购价、折扣率、是否支持随时退、是否支持过期退、当前已团购的数量、剩余时间、门店地址、营业时间、团购说明、团购具体内容、特别提示、环境展示、产品展示、会员评价、交易问答等等。图 4-51 就是图 4-50 所示团购的团购详情和特别提示内容，确定团购前最好能仔细阅读这部分内容。图 4-52 是其产品展示区。

图 4-50　详情页

11. 确认对该团购信息满意后，单击【立即抢购】按钮。

12. 在图 4-53 所示的页面中确认商品名称、填写数量后，绑定手机号，单击【立即抢购】按钮。

图 4-51　团购详情信息　　　　　　　图 4-52　产品展示

13．在确认支付页面，选择支付方式后，单击【去付款】按钮，如图 4-54 所示。

14．完成支付后，就可以拿着收到的团购券序列号去享受啦。

图 4-53　填写订单信息

图 4-54　确认支付

可能你会对商品的"团购价"和"原价"差别之大而惊讶，可市场的确是如此运作，所以更可见我们参加团购是明智的选择。

网络，让这个世界更加空灵起来。在网络世界里，距离已经不再是不可逾越的障碍，不管你在地球的哪一个角落，电子信号都能瞬间到达；也没有了世俗标准的等级，不管你的身份是什么，你发出的所有指令都不过是0和1的无穷组合。所以，网络让人兴奋，让人沉迷，也让人担忧。在这个虚拟的世界里，我们无法分辨对方是谁，也不知道谁才值得我们相信。

在这种环境下，支付宝为我们提供了一个值得信任的第三方网上交易平台，在这里，我们所有账号的往来都会绝对保密且安全。支付宝，用诚信打造电子商务的美好未来。

第五章

诚信第一　保障货款安全

本章学习目标

◇ **支付宝，网上支付方式**

　　介绍什么是支付宝，介绍注册支付宝的详细操作步骤。

◇ **通过认证，实现在线交易**

　　详细介绍在支付宝申请实名认证的操作流程。

◇ **选好宝贝，付款给支付宝**

　　一步步地演示在淘宝选择一个商品后，使用支付宝进行购买的全过程。

◇ **收货确认，通知支付宝**

　　学会在收到满意的商品后，通知支付宝将货款付给卖家并对商品给予评价的操作方法。

◇ **我不满意，我要退款**

　　当不满意所购商品时，了解如何与卖家沟通、协商或者退款中止交易的方法。

支付宝，网上支付方式

千挑万选终于找到了最爱，唇枪舌剑跟卖家也谈好了价钱，现在该掏钱包了。不过，在网上我们可无法像传统交易般地一手交钱一手交货，而卖家为了货款的安全性一般都只接受款到发货，是不是觉得有点不踏实？没关系，我们有支付宝。它是一种网上支付方式，是支付宝公司针对网上交易而特别推出的安全付款服务。图 5-1 是从淘宝网首页进入支付宝的链接。

在淘宝网首页-网站导航-阿里APP 中，点击进入支付宝页面。

图 5-1 淘宝网上的支付宝链接

蚂蚁金服旗下的支付宝，专为解决网上支付安全问题的一种支付方式。它的运作流程是：买家确定购物后，先将货款汇到支付宝，支付宝确认收款后通知卖家发货，买家收货并确认满意后，支付宝打款给卖家完成交易，这样既保证了买家拥有主动权，又保障了卖家的安全。在整个交易过程中，支付宝作为诚信中立的第三方机构，充分保障货款安全及买卖双方利益。

图 5-2 是我们用支付宝购买商品的交易流程示意图。从图中我们可以看到，与普通流程相比，增加了付款给支付宝的中间环节，正是这一点保证了货款的安全。

图 5-2 通过支付宝交易流程

是不是跃跃欲试想要使用支付宝呢？没问题。在浏览器地址栏中输入 https://auth.alipay.com/，进入图 5-3 所示的支付宝登录页面。

图 5-3　支付宝账户登录页面

支付宝账户与我们之前申请的淘宝账号是相通的，因此，你可以直接使用前面注册的淘宝账号来登录支付宝。单击图 5-3 中右上方的"账密登录"进入账号密码登录页面，单击其下方的"淘宝会员登录"链接，在淘宝会员登录页面中，输入你的淘宝会员名和登录密码也可以直接登录支付宝，如图 5-4 所示。

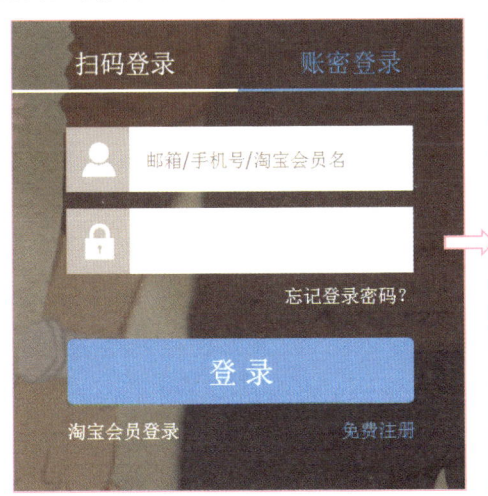

图 5-4　用淘宝会员名和密码登录

支付宝的注册步骤也非常简单。
1. 在图 5-4 所示页面右下角单击"免费注册"超级链接。
2. 创建账户。先阅读"服务协议、隐私权政策及开户意愿确认"并单击【同意】。然后在出现的图5-5所示页面中选择你要注册的是个人账户还是企业账户，这里我们选择"个人账户"，然后设置你所在的国籍或地区、手机号、短信校验码。单击【下一步】按钮。

3．若使用电子邮箱注册，输入电子邮箱地址和验证码，单击【下一步】按钮后会弹出"验证账户名"对话框，点击【立即查收邮件】，并到邮箱中完成账户激活。

图 5-5　验证账户名

4．进入图 5-6 所示的"设置身份信息"页面。输入你的真实姓名、身份证号码、身份证有效期、职业、常用地址，并设置登录密码、支付密码等。因为支付宝关系到我们的经济往来，所以请大家填写真实资料，如真实姓名、证件号码等，这样一旦发生问题有助于维护我们的权益。

5．单击【确定】按钮，进入图 5-7 所示"设置支付方式"页面。输入银行卡卡号、持卡人姓名、选择证件类型并输入证件号码、手机号码及校验码。填写完毕后有一点需要特别注意：界面最下方有支付宝的快捷支付服务协议，大家最好还是先阅读一下，尤其是里面关于账户安全的相关条款，涉及双方的权利和义务，大家还是要有所了解。因为一旦单击【同意协议并确定】

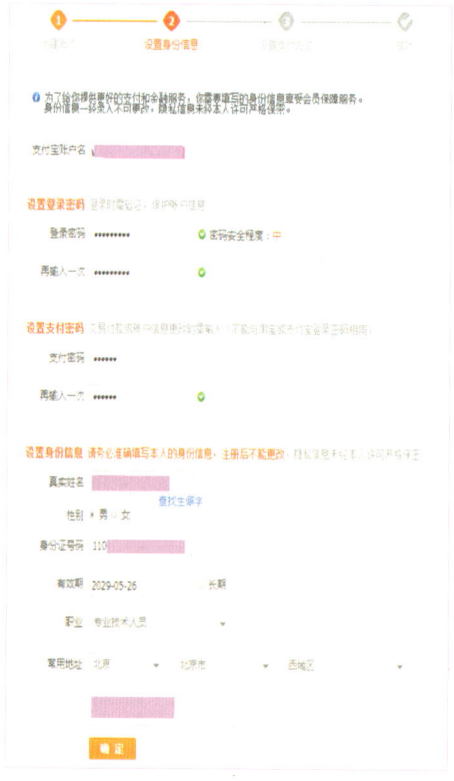

图 5-6　设置身份信息　　　　　　图 5-7　设置支付方式

进行注册后，就意味着你已经同意此条款。

6. 单击【同意协议并确定】后，如果你见到图 5-8 所示的页面时，即说明你已注册成功。

图 5-8　注册成功

填写手机号码另一项用途是：当你使用支付宝付款时，系统会发送验证信息——校验码到预留的手机号码所在的手机上，支付宝会弹出图 5-9 所示的验证账户名窗口。

还有一个问题：如果忘记了密码怎么办呢？这时我们可以通过"密码找回"来解决问题。

1. 登录支付宝主页后，点击登录密码旁的"忘记登录密码？"超级链接。
2. 在图 5-10 所示页面中输入账户名和验证码后，单击【下一步】按钮。

图 5-9　验证手机　　　　　　　图 5-10　找回登录密码

3. 在图 5-11 所示页面中选择找回方式，比如我们选择"通过验证身份证件"的推荐方式，单击【立即重置】按钮。
4. 在图 5-12 页面中正确输入你注册支付宝时填写的身份证号码后，单击【下一步】按钮。

图 5-11　选择找回方式　　　　　　　图 5-12　验证身份

5．支付宝会自动跳转到图 5-13 所示页面，提示已经向你的邮箱发送了图 5-14 所示的"请完成邮箱验证"邮件。如果你没有收到邮件，可以通过单击图 5-13 中的【重新发送邮件】按钮让系统再发一封。

图 5-13　发送验证邮件

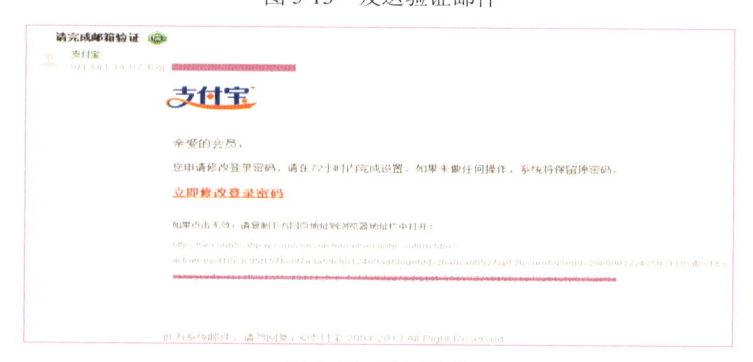

图 5-14　验证邮件

6．打开邮件，单击"立即修改登录密码"超级链接，按照提示操作就可以重新设置你的支付宝密码了。

通过认证，实现在线交易

支付宝认证服务其实是支付宝网络公司提供的一项身份识别服务。它同时核实会员身份信息和银行账户信息。通过支付宝认证后，相当于拥有了一张互联网身份证，可以在淘宝网等众多电子商务网站开店、出售商品，增加支付宝账户拥有者的信用度。对于单纯的买家其实可以不必通过认证，但对于卖家就是必需的了，所以我们还是介绍一下。

图 5-15　支付宝个人用户首页

下面让我们一起一步步地实现支付宝实名认证。

1．在浏览器地址栏输入 https://www.alipay.com，进入图 5-15 所示的支付宝首页。

2．单击【登录】按钮并正确输入上一节成功申请到的支付宝账号和登录密码信息。

3．按图 5-16 所示，在导航栏选择"账户设置"，点击实名认证里的"立即认证"。

图 5-16　选择"立即认证"

4．按照图 5-17 所述，准备好需要的证件，认真阅读"支付宝实名认证服务协议"后，勾选"我已阅读并同意《支付宝实名认证服务协议》"多选框，单击【立即申请】按钮。

5．在图 5-18 所示的页面中，根据你的需要，选择准备申请的认证方式。目前，支付宝支持两种认证方式：快捷认证和普通认证。单击认证方式中的"查看支持银行"超级链接，可以查看该认证方式支持的银行，请确认你是否有相应银行的账户。图 5-19 为目前快捷认证支持的银行列表。快捷认证和普通认证的流程分别见图 5-20 和图 5-21。

图 5-17　支付宝实名认证所需材料

图 5-18　支付宝认证方式

单击认证方式中的"查看教程"超级链接，可以通过支付宝提供的教程学习。

6．单击【立即申请】按钮，在图 5-22 所示页面中设置银行卡信息。包括：银行卡发卡行、银行卡类型。

7．单击【下一步】按钮，进入图 5-23 页面的验证身份信息，包括：银行卡号、持卡人姓名、身份证号码、手机号码。填写完成后，查看相关协议并单击【同意协议并确定】按钮。

图 5-19　快捷认证支持的银行

> **提示** 这里顺便说明一下，如果你想在淘宝开店，那就需要选择普通认证了。图 5-20 为快捷认证的认证流程。图 5-21 为普通认证的认证流程。

图 5-20　快捷认证流程

图 5-21　普通认证流程

> **提示** 在实名认证后，你可以享受到更多的服务，比如：淘宝开店；提升收款、付款额度，使用 AA 收款等功能；提高账户安全等级。

8. 支付宝为你的财产和支付安全提供了多重安全保障（图 5-24）。

图 5-22　选择银行和银行卡类型

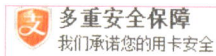

图 5-24　支付宝提供多重安全保障

图 5-23　关联银行信息

9. 单击图 5-25 中的【确认开通】按钮，可以开通短信校验服务。开通后，你通过支付宝进行的每笔付款，将都需要短信确认，使付款更安心。

10. 在图 5-26 所示页面中确认你的认证信息，单击【确定】按钮。

图 5-25　申请开通短信校验服务

图 5-26　确认认证身份信息

11. 实名认证通过后，系统会自动给你发送一条消息。当你登录支付宝后，可以在消息菜单中看到（图 5-27）。

图 5-27　通过实名认证消息

选好宝贝，付款给支付宝

选好了宝贝，也申请好了支付宝账号，现在只要付了钱就可以等着卖家发货将宝贝送上门了，现在就让我们来进行这最重要的一步吧。虽然银子送出去时你可能会有点心痛，可是想到马上就可以拥有自己心爱的宝贝了，一点点代价还是值得啦！再提醒一次，一定要选择如图 5-28 所示的支持支付宝的卖家哦！

这个"快捷支付"就是支付宝啦。

图 5-28　支持支付宝支付的商品

这一节我们将演示选中一件商品用支付宝购买的全过程，插图所示即为详细步骤，下面就跟着作者一步步进行吧。

设置好你准备购买的宝贝的相关参数，单击图 5-28 所示页面中的【立即购买】按钮，就会出现确认收货地址的页面，如果你事先已经登录，就会如图 5-29 所示，自动显示你之前设置的收货地址，供你选择而不用再次输入。在这个页面，你还可以方便地管理收货地址、添加新地址以及修改现有地址等。

图 5-29　确认收货地址

在同一页面，你还需要确认如图 5-30 所示的订单信息，包括：店铺名称、卖家名称、商品名称、商品属性、单价、数量、优惠方式、小计以及运送方式等。

图 5-30　确认订单信息

一般店铺都会提供 3 种不同的邮寄服务,相应地也有 3 种不同的收费标准。即:

1．平邮:通过邮局按普通包裹邮寄,资费最低,耗时最长。

2．快递:通过快递公司邮寄,这是网上购物所采取的最普遍的邮寄方式。资费适中,耗时短,最重要的是过程可追踪,一般不会发生邮件丢失或损坏。

3．EMS:中国政的特快专递服务,采用全夜航,保证所有邮件48小内送达,所以资费最高,一般都要25元以上。

网上购物一般都是由买家支付邮费,当然也有一些卖家为了促销而提供邮寄服务,那你就不用考虑这个问题了。

单击图5-30所示的【提交订单】按钮,在图5-31所示页面中选择付款方

图5-31　选择付款方式

式。因为我们没有对支付宝账户进行过充值操作，所以会因余额不足而需要选择其他方式支付。

目前，支付宝支持的支付银行见图 5-31 中列出的银行的储蓄卡账户。

此外，你还可以选择图 5-32 所示的信用卡支付方式、图 5-33 所示的现金或刷卡支付方式或者选择图 5-34 所示的消费卡支付方式。

你是否看到那个"找人代付"的超级链接呢？是的，通过这个链接，你就可以让男朋友来为你买单啦。但是，如果商品金额太低，申请"找人代付"时会出现图 5-35 所示的页面提示你申请代付失败的。

图 5-32　信用卡付款方式

图 5-33　现金或刷卡付款方式

图 5-34　消费卡付款方式

图 5-35　申请代付失败

图 5-36　填写信用卡信息

我们选择使用招商银行信用卡付款方式，在图 5-36 所示的页面中填写姓名、证件类型及号码、信用卡卡号、有效期、手机号码、校验码等相关信息，阅读《招商银行信用卡快捷支付线上服务协议》和《支付宝快捷支付服务协议》后，勾选"开通快捷支付，下次可凭支付宝支付密码快速付款"多选框，单击【同意协议并付款】按钮。

如果没有意外的话，此时将出现图5-37所示的支付宝确认收款页面。

图5-37 支付宝确认收款

此时，你会发现订单状态变为"付款到支付宝"，见图5-38。如果对订单情况不放心，你可以随时在如图5-39所示的"我的淘宝"中查看订单的状态。

到这里我们就算支付完成了，下面要做的就是在家里安安心心地等着宝贝被送上门了。

图5-38 订单状态为"付款到支付宝"

图5-39 查看订单状态

收货确认，通知支付宝

如果你已经收到了翘首企盼的宝贝，如果你对它的一切都很满意，满意到心甘情愿为它付出真金白银，那么就进行收货确认吧！只有你亲自下令，支付宝才会把之前你给付的货款打到卖家的账上哦。话不多说，现在就进入"我的淘宝"吧，要知道，卖家可是一样很心急呢。

1．输入用户名和密码登录淘宝网，选择"已买到的宝贝"，见图5-40。

图5-40　选择"已买到的宝贝"

2．在图5-41所示的页面中单击【确认收货】按钮。在这个页面中，你可以随时查看到所有已购买宝贝的交易情况。

图5-41　单击【确认收货】

3．进入图5-42所示的同意支付宝付款页面，这里包含了商品信息、订单编号、支付宝交易号、卖家昵称、收货信息、成交时间等交易信息，目的是让你进行核对。确定你收到的货物没有问题后，正确输入支付宝支付密码，单击【确定】按钮。

4．支付宝为了你的财产安全会弹出图5-43所示的提示信息，再次提醒你一定要在确认收到商品后再进行确认。

图5-42　同意支付宝付款

确定无误后，请单击【确定】按钮。

提示：注意图中红色文字提醒信息，一定要确认货物到手后才可以进行这一步操作。

5. 如果你能够见到图5-44所示的交易成功页面，就说明系统已自动把你之前预存在支付宝的货款付给卖家，至此你们就钱货两讫了。但是，别忘了，还要对对方进行评价哦。

图5-43　确认付款提示信息

交易虽然已经成功，但是我们的事情还没算完，因为还有最后一步，那就是双方互相评价。这是系统评定买卖双方信用级别的重要标准，甜蜜的颗颗红心、闪耀的粒粒钻石、夺目的顶顶皇冠，可都是从这一点一滴的评价中积累来的呢。级别越高，代表你的诚信度越高，你的信用越好，这样你才会被更多人所信任、接受。所以，提供公正而及时的评价是非常重要的。

图5-44　交易成功

6. 单击图5-44中的【立即评价】按钮，就会进入图5-45所示的页面。因为我们是买家，所以系统给出的问题基本都是围绕卖家的，比如：货物做工、货物尺寸、卖家的描述相符度、服务态度、发货速度以及物流速度等。针对每一项，你都可以分别进行打分。同时，你也可以给出自己的评论或建议。在这里我们要如实地进行回答和评价，因为你的公正评价不仅是

图5-45　评价商品

对卖家的尊重，也为其他买家提供了重要的参考。

7．评价完成后，单击【提交评价】按钮。见到图5-46所示的提示信息后，你的此次交易才算是全部完成。

图5-46　成功评价

提交了评价，系统会自动通知对方你已经评价完毕，提醒对方也尽快对你进行评价，双方都提交了评价以后，你们才可以看到对方对自己的评价。所以，即使你给了对方差评，也不用担心他的"报复"哦。

在双方均完成评价大约十分钟后，你们就可以看到对方给自己的评价了。

在淘宝上，所有人的信用状况都是公开的，任何人都可以查阅，这也是对网络交易双方信用的一个有力监督。

图5-47所示的是一个卖家信息概览，包含了其作为卖方的交易信用表。在图中大家可以看到，系统对卖家各个时间段的交易信用都有详细的统计。

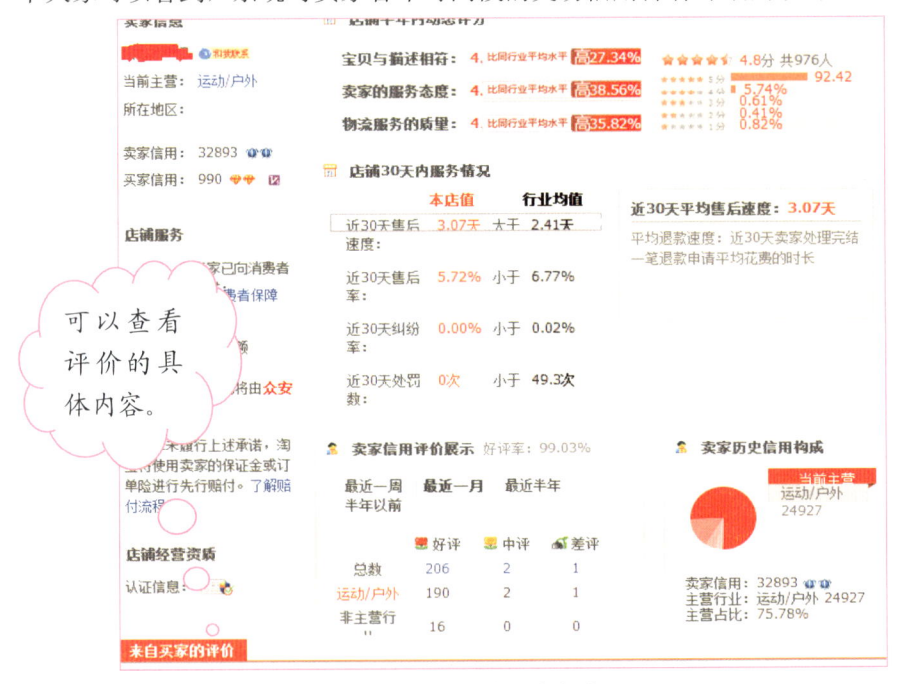

> 可以查看评价的具体内容。

图5-47　卖家信息概览

图5-47中所示的卖家最近1个月的信用评价好评率超过99%，说明大部分光顾的买家都是满意的，好评率越高越容易增加信任度。在网络上，我们看不见彼此，所以就更需要大家有一颗热诚而公正的心，这样才能共同维护我们的网络家园。

买家和卖家的心形等级标志有着细微的差别，这样方便我们可以更直观地在交易中看到对方的信用状况。

我不满意，我要退款

交易成功，如果顺利收到宝贝又非常满意的话当然是皆大欢喜，提交了评价就可以开开心心地使用它了。但是事情总是难免出现一些意外，比如邮递过程中宝贝被损坏，卖家发货时型号或者颜色有误差等。此时就需要我们与卖家通过协商解决，如果实在无法解决而双方又都同意的话可以退款，解除交易，这一节我们就具体介绍与之相关的内容。

1. 打开淘宝网站进行登录。
2. 在图 5-48 所示的页面中查看你之前已买到的宝贝列表以及宝贝的各种相关信息。

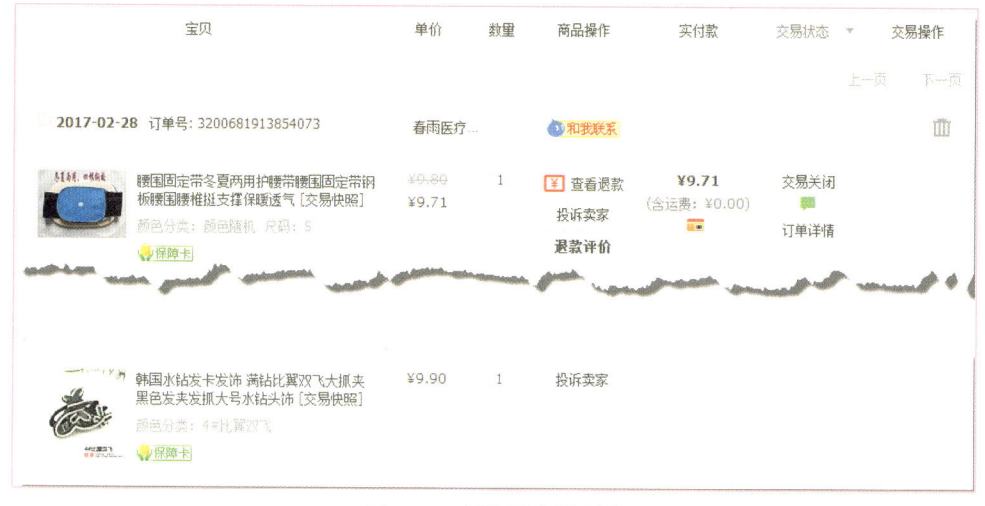

图 5-48　已购买宝贝列表

3. 我们知道退款是以已付款为前提的，所以不管卖家是否已发货、你是否已经收到货，我们都可以提出退款请求，只要买卖双方达成共识就可以退款。比如图 5-49 中的两件商品，一件是"买家已付"状态，另一件是"卖家已发货"状态。它们都是可以退款的。

4. 在你要进行操作的宝贝中点击"退款/退货"超级链接，选择"仅退款""退款退货"进入该宝贝的申请退款页面，如图 5-50 所示。系统会自动将商品的价格填写到退款金额中。

图 5-49　已购买宝贝列表

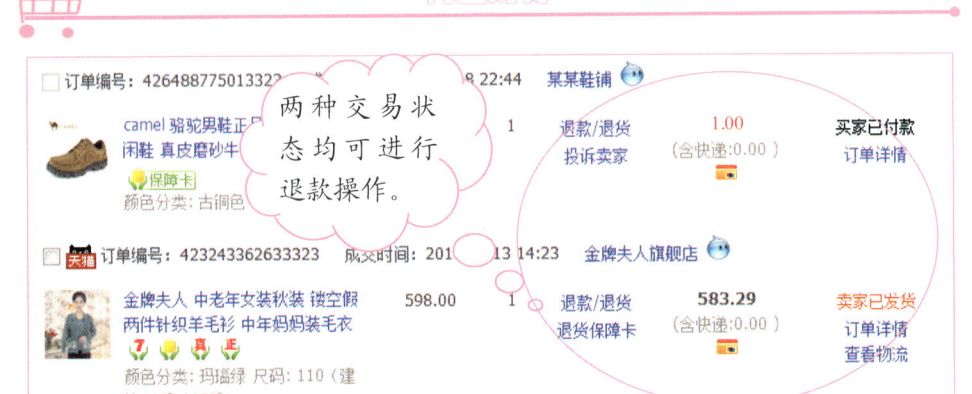

图 5-50　申请退款页面

5．根据你的实际情况在图 5-51 所示的退款原因列表中选择退款原因、填写退款说明。退款原因要如实填写，因为你发出退款申请后，系统需要把退款申请发送给卖家，等待卖家确认。

如果情况属实，卖家同意退款，就代表双方达成一致，系统才会受理申请，你才可以拿回自己已支付的货款。如果你的填写不真实，卖家是有权驳回的，那样系统还要进行更加深入和详尽的调查。这样既耽误了时间，又浪费了大家的精力，是很不划算的，所以我们在填写时一定要尽量做到真实。退款说明为选填项，一般是对退款原因的附加信息。

图5-51　选择退款原因

提示　如果你对退款操作有任何疑问，可以通过单击"查看退款流程和规则"超级链接，在图5-52所示的页面中查找。

图5-52　退款常见问题

6. 单击【提交】按钮，见到图5-53所示的页面后，就说明你的申请已经提交，需要等待卖家处理。此时，你也可以主动联系卖家，要求其尽快处理。从图中我们可以看到，卖方自收到申请后有两天的回应时间，在这两天内如果对方认为不能接受此退款要求，则可以向系统申请驳回，进行申述，双方再进行进一步的交流和协商；如果两天过后对方没有提出异议，即使他没有直接接受，也同样视为接受，系统将自动把货款返还给你。

另外，如果在等待对方回应期间情况发生变化，例如：之前没有收到的货物已经到货，或者寻求到了退款之外的其他解决方法且双方达成一致，这时我们就需要修改或者撤销退款申请，这些也可以在图 5-53 所示的页面操作。你只需单击【修改退款申请】按钮或者"取消退款申请"超级链接，就可以根据页面提示进行操作，在这里就不一一赘述了。

图 5-53　申请成功提交

结束了步骤 6 的操作，我们就可以安心等待卖家的回应了，如果一切顺利，卖家积极进行退款，那么我们的交易信息就会变成图 5-54 所示的内容。

图 5-54　退款状态

7. 此时在已买到的宝贝列表中，该商品的状态如图 5-54 所示，显示为"退款处理中"。其中的交易关闭就意味着卖方已经答应了你的退款申请，你很快就可以收到退回的货款了。

8. 当退款成功后，支付宝会将货款退回到你的支付宝。你可以对你的支付宝账户进行查询。

图 5-55 所示为一笔成功完成退款交易的详细记录，包括创建时间、商品名称、

商户订单号、交易号、交易对方、交易金额、交易状态等各个相关要素，所有状况一目了然。在图中大家可以看到，第一次我们对商品进行付款时，账户显示为支出；在退款成功系统把货款返还后，账户显示为收入，状态为"退款成功"。

面对如此清楚的账目你是否已经心中有数了呢？要知道，我们在支付宝的所有交易都是可以通过"交易管理"查询到的。

图 5-55　退款交易详情

还记得第一章时我们就曾提及过：在淘宝网，我们不仅可以享受到足不出户就能拥有心爱宝贝的便利，更能做一些现实世界无法做到的事情。比如移动电话随时随地充值，在线购买游戏点卡，实时抢购特价机票，参与社区讨论信息共享……

网络上，没有地理区域、时间的概念，所以你根本就不必为了身处异地时手机因欠费停机而苦恼；再也不用怕深夜正与朋友组队杀怪却因点卡不足而被迫下线。

在这样一个一切都可以数码化的时代，还有什么是无法通过网络完成的呢？

第六章
附加服务　生活轻松玩转

本章学习目标

◇ **电话充值，我与世界永不中断**

以淘宝网和京东商城为例，介绍利用网购平台为手机充值的操作方法。

◇ **游戏点卡，我的角色时时在线**

以淘宝网、京东商场为例，介绍查找、购买网络游戏点卡及网络游戏相关商品的方法。

◇ **机票预订，时刻把握优惠先机**

学会如何查询航班实时信息、按出发城市和到达城市查找机票信息、搜索优惠机票信息、在线预订机票等常用操作。

电话充值，我与世界永不中断

在淘宝网，各种类型的虚拟产品服务琳琅满目，与电信相关的服务更是种类繁多。从合约机到无线上网卡，从购买号码到在线充值，你日常需要的大部分服务类型都陈列其中。不仅如此，你还可以根据自己的情况选择最合适、最放心、最快捷的充值方式：在线卡密、在线代充、实物卡邮寄、自动发货，总有一种方式能够满足你。图 6-1 所示即为淘宝网提供的各种虚拟服务。

图 6-1　淘宝网提供的虚拟服务

使用淘宝网为手机充值的步骤非常简单，其步骤示意图如图 6-2 所示。

淘宝网为我们提供了

图 6-2　淘宝网充值流程示意图

移动、联通、电信等公司的话费充值服务。图 6-3 所示为移动手机充值卡的搜索页面，图 6-4 所示为联通手机充值卡的搜索页面，图 6-5 则是电信手机充值卡的搜索结果页。仔细看一下提供服务的地区，全国各地都有，你再也不用为手机不能异地充值而苦恼了。

图 6-3　移动手机充值卡搜索结果

图 6-4　联通手机充值卡搜索结果

从搜索结果列表中，你可以根据商品的描述、卖家信用、商品评价、折扣率等，选择满意的商品购买。

从大量的搜索结果列表中选择合适的商品是否会使你觉得无从下手呢？没关系，我们也可以使用淘宝话费充值功能，它是淘宝网提供的一种快捷充值方式，你可以直接付款给支付宝，通过系统自动发货充值，还可以享受淘宝折扣，这可是专属的优惠呢。

下面，我们就以为中国移动的手机充值为例，介绍通过淘宝网为手机充值的操作方法。

在图 6-6 所示的页面中，输入手机号，系统会自动根据你输入的手机号判断出服务商是移动、联通还是电信。

选择充值面值。支付宝会自动给出折扣后

图 6-5　电信话费充值卡搜索结果

图 6-6　淘宝充值

的销售价格。

单击【立刻充值】按钮，进入图 6-7 所示的支付页面，按照前面章节中介绍的方式成功支付后 10 分钟左右话费就能到账了。

有竞争才会有进步，其他的网络购物商城同样也提供了手机充值业务。图 6-8 为京东商城的手机充值页面。输入手机号，选择面值，后面红色字体显示的是折扣后需要支付的价格。单击【立即充值】按钮。

图 6-7 支付充值款

在图 6-9 所示的确认订单信息页面中，仔细核对准备充值的手机号码是否正确，如果由于疏忽充错号的话，可是无法退款的哦。选择充值面值、支付信息后，单击【提交订单】按钮。

图 6-8 京东商城手机充值页面

图 6-9 确认订单信息

在图 6-10 所示的选择支付方式页面中选择你常用的支付方式并输入支付密码等内容,然后单击【立即支付】按钮,按照前面章节中介绍的方法核对支付信息。如果不出意外,在支付结果信息页面中确认支付成功后,就可以放心地与闺蜜煲电话粥了。

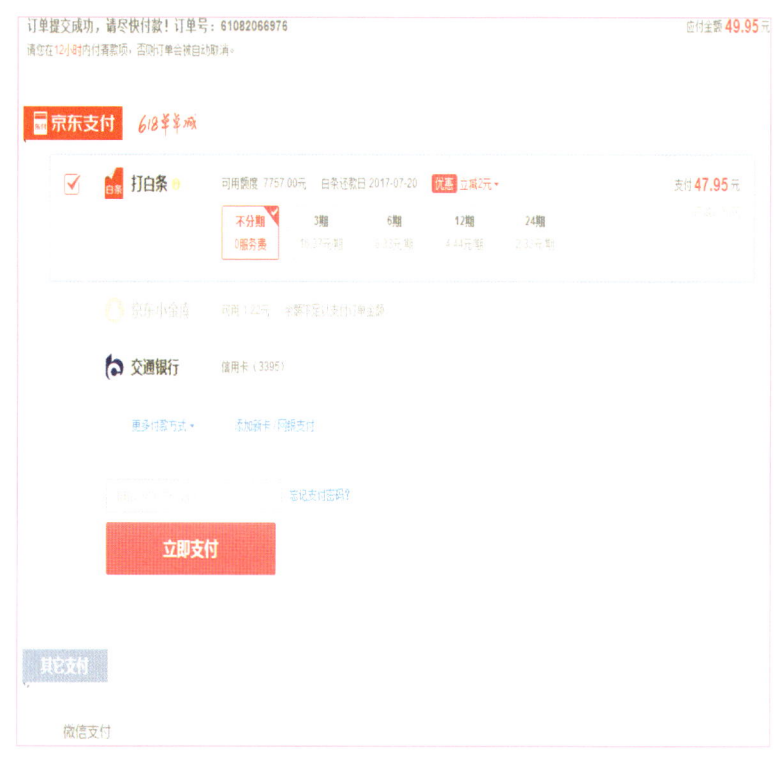

图 6-10　选择支付方式

在京东商城中每进行一次购物,系统都会根据你支付的金额给予一定的积分作为奖励。这个积分不但可以使你的等级提高,以获得更优质的服务,而且还可以当作真金白银来使用,比如进行手机充值。在选择支付信息时,你是否注意到支付方式中多了个"使用京豆付款"的选项呢?见图 6-11,这是京东商城独有的哦。

图 6-11　支付信息

在支付信息中选择"使用京豆付款"单选钮后，系统将提示你输入支付密码，输入正确后点击【提交订单】即可，如图6-12所示。

图6-12　使用京豆支付

游戏点卡，我的角色时时在线

有没有过游戏中激战正酣却忽然看到系统提示你只剩5分钟游戏时间的恐慌？有没有过眼看着明明技术、等级样样不如你，却因为一身好装备而把你打得落花流水的愤怒？匆匆忙忙跑去买点卡却被告知卡已售罄，眼睁睁看着自己被系统无情地踢下线，问苍天问大地却再无法挽回了……现在有了网上商城可以在线充卡，那你的角色就可以实时在线了。

在你的淘宝首页右侧单击"游戏"选项（图6-13），即可进入淘宝游戏交易页面。这里的游戏交易分为腾讯专区、游戏点卡、游戏代练、游戏币、激活码等几类。

淘宝游戏首页还列出当前热门游戏的交易项目，包括点卡、游戏币、代练、账号等，

图6-13　淘宝游戏

如图 6-14 所示。

图 6-14　热门游戏交易项目

　　选择游戏名称并找到合适的卖家，仔细阅读详情并点击【立即购买】或【立刻去充值】按钮，输入相应内容支付对应的金额，你就可以继续进入游戏世界驰骋沙场，再战江湖了！

　　淘宝不仅为我们提供点卡充值服务，所有游戏的相关交易项目都有涉及。图 6-15 就是淘宝游戏交易平台首页。在这里，你不但可以购买游戏点卡为游戏充值，还可以寻找游戏代练、购买或者售游戏币、进行游戏激活码等网络游戏虚拟商品交易。

图 6-15　淘宝游戏交易首页

　　由于网络游戏的迅猛发展，现在已经形成了围绕网游的一系列相关产业。虚拟商品的交易也不再仅仅局限于点卡、充值，而是囊括了虚拟货币、游戏装备、游戏账号、游戏代练、游戏周边等相关的方方面面。网络游戏正在越来越多地渗入我们的生活，相关的虚拟商品交易也正朝着细分化、专业化的方向发展。

图 6-16 所显示的是网游"魔兽世界"的点卡列表页面，由于激烈的市场竞争，不管是点卡、金币，还是账号商家都给出了一定的折扣。

图 6-16　魔兽世界点卡列表页面

图 6-17 是我们对月卡进行搜索所得到的结果，可以看到其售价已降到了 74.25 元，这样的价格是购买实物卡很难享受到的优惠价格。

图 6-17　魔兽世界月卡搜索结果页

点击你选中的商家，在图 6-18 所示的页面中输入购买数量后，单击【立刻去充值】按钮，按照提示使用支付宝付款，等你付款成功，卖家查收后就会提供给你充值密码或者直接为你提供的账号充入相应的点数，相当的方便快捷。

图 6-18　魔兽世界月卡产品详情页

由于商家之间激烈的市场竞争，点卡的销售出现了可观的折扣，这样一来，最大的受益者还是我们消费者。随着网络游戏的普及，越来越多的玩家参与其中，游戏金币也出现了相应的"贬值"。

图 6-19 显示的是魔兽世界游戏币交易的搜索结果，如果你在游戏里参加的活动不够多，或者因为级别不够高而没有挣到足够的金币来购买喜欢的装备，那么就可以根据金币与现实货币的兑换率来购买相应的金币。虽然购买金币为你的游戏提供了乐趣，但是我们也要正视交易额日渐增长的虚拟货币所带来的现实问题。

图 6-19　魔兽世界游戏币交易搜索结果页

通过虚拟物品交易，在虚拟世界与现实世界之间的"财富转化通道"已经形成，这是一个越来越真实的虚拟世界。

我们仍然以"魔兽世界"为例，一个 500～600 级的虚拟人物，在淘宝网上的"成本价格"大约是人民币1000元，当然你也可以把它折算成游戏中的虚拟金币——大概能换 10 万个，所以人民币与"魔兽币"的"汇率"最近一直稳定在 1∶500 左右。而游戏是由网络公司开发运营的，它制定游戏的经济体制，虚拟货币的发行数量也完全由其设定。所以当网络游戏"魔兽世界"风靡全球的时候，当 GameUSD 上每天更新着美元兑魔兽金币汇率的时候，当虚拟财物一夜之间转变为现实中白花花的银子的时候，当虚拟世界也出现"通货膨胀""通货紧缩"和"金融危机"的时候，这一切就不仅仅是游戏那么简单了。

是否还在为无法尽快升级而苦恼呢？游戏账号代练、等级代练、荣誉代练、技能代练、装备代练等为你解决了这个困扰。

如果你既想享受高级别玩家的特权而又没有充足的时间自己练级，那就可以请人代练，而且现在也有专业的网络公司提供代练服务。一个专业的游戏代练可以在最短的时间内达到你的任何要求。图 6-20 所示为提供魔兽世界游戏代练的搜索结果。

图 6-20 魔兽世界代练搜索结果

如果你觉得请人代练还是太麻烦，想立即就拥有想要的等级、荣誉、装备、坐骑等，那么也可以选择直接购买符合要求的账号，图 6-21 为提供魔兽世界账号出售的搜索结果页。

相对来说,直接购买账号会比请人代练便宜,但是直接购买账号存在一定的风险,比如不够安全等。

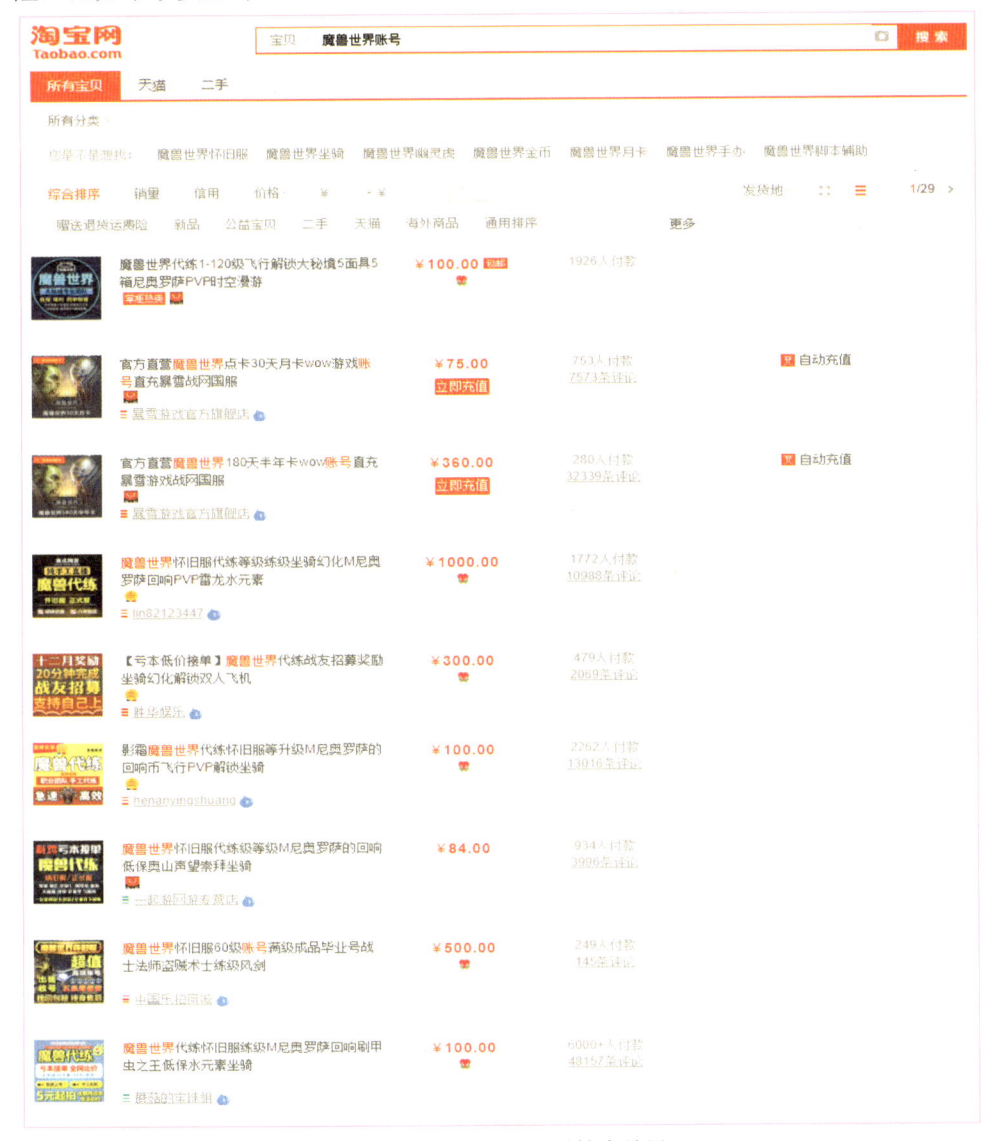

图 6-21 魔兽世界账号搜索结果

随着网络游戏的兴盛,约上三五好友,大家组队去网络游戏中练级、杀怪,也逐渐成为大家沟通、交流的一种方式。但是,由于中国特殊的网络运营状况,网通、电信各占半壁江山,通常网络游戏也会分为专门的网通区或电信区。当你身处电信光缆接入的网络时，你可能会发现想要打开网通的游戏总是会遇到这样或那样的问题，同样的问题也存在于铁通、教育网等之间。怎样解决这个问题呢？在这里我们向大家推荐一个好方法：使用代理服务器，如图 6-22 所示。

图 6-22　游戏代理服务器 IP 搜索结果

什么是代理服务器呢？形象地说，代理服务器就是网络信息的中转站。一般来说，我们使用网络浏览器去直接连接 Internet 站点取得信息时，都是通过发送请求信号来得到回答的。代理服务器是介于浏览器和 Web 服务器之间的服务器，有了它，以后我们的请求会先传送到它，它提供的巨大缓冲空间可以保存所有访问过的站点而不用重新下载，这就大大地提高了访问速度。

相似地，京东商城也为我们提供了网络游戏充值服务。在京东商城的首页面，我们就可以方便地进行充值操作。

选择"游戏"选项卡，我们可以看到，京东网上商城提供了游戏点卡充值（图 6-23）、QQ 充值（图 6-24）以及图 6-25 所示的视频娱乐充值。

图 6-23　京东点卡充值　　　　　图 6-24　京东 QQ 充值

图 6-25　京东视频/娱乐充值

　　进行游戏点卡充值时，可用鼠标先单击一下"游戏"栏，这时会弹出当下热门游戏的列表。选择所要的游戏并在"面值"栏选择具体的数额，然后单击【快速充值】按钮，如图 6-26 所示。随后进入订单的填写、核对、提交（图 6-27）及支付过程，与前面已经介绍的购物过程基本相同，这里就不再赘述了。

图 6-26　选择游戏及充值数额

图 6-27　订单的填写、核对及提交

机票预订，时刻把握优惠先机

　　随着社会节奏的不断加快，生活质量的迅速提高，越来越多的人将飞机作为常用的出行方式。然而由于机票的特殊性，它的价格随时处于变化之中，所以把握优惠先机，购买到更加超值的机票，就显得尤为重要了。现在有很多网站都提供航班实时信息查询业务，也接受网上预订机票，在淘宝同样可以做到。图 6-28 是淘宝网飞猪的首页面。

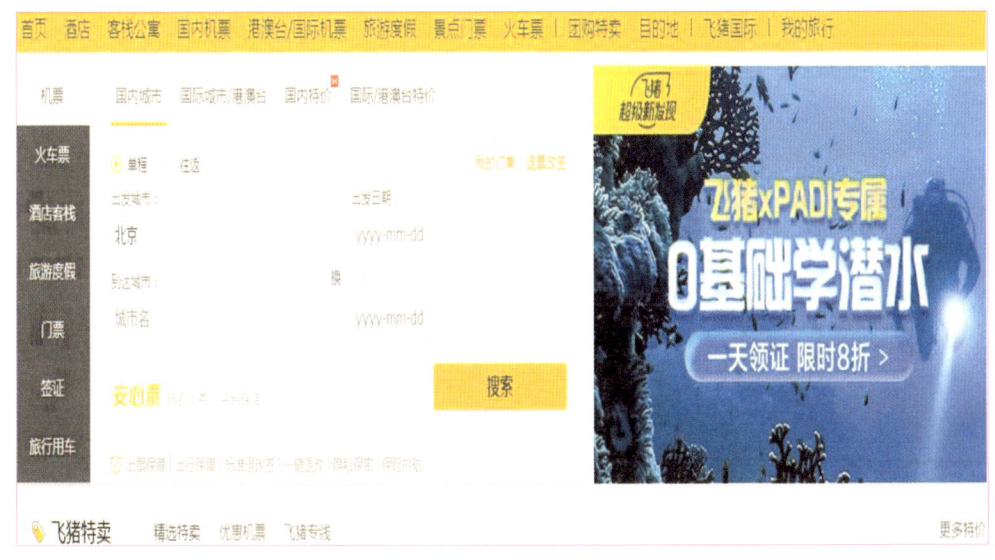

图6-28　飞猪首页面

飞猪网址：https://www.FLiGGY.com。

我们在购买机票之前，首先要根据出发和目的城市查询一下出行日当天的航班情况。在图6-29所示页面中，可以查询国内城市机票信息；图6-30所示页面可查询国际城市以及港澳台机票信息。

图6-29　国内城市机票

图 6-30　国际城市以及港澳台机票

在图 6-29 所示的国内机票查询页面中，设置出发城市为"北京"，到达城市为"上海"，航程类型为"单程"，出发日期为"2019-6-10"，单击【搜索】按钮后，其查询结果如图 6-31 所示。查询结果的范围包含了所有航空公司的航班。在查询结果页中，包括航空公司、航班号、机型、起降时间、起抵机场、最低价格、折扣率等相关信息。

图 6-31　国内机票查询结果

图中列出了所有符合搜索条件的航班信息，你还可以根据自己的喜好，按照起飞时段、航空公司、舱位类型、起抵机场、机型、乘客人数以及是否提供发票等条件在搜索结果页中进行筛选。

找到合适的航班信息后，单击【订票】按钮，在如图 6-32 所示的页面中，可以看到更详细的信息，如：卖家名称、服务评分、舱位、订票规则、机票价格等。

可以按舱位类型筛选。

图 6-32　选择票务公司页

选择你觉得合适的票务公司，单击【预订】按钮。

在图 6-33 所示的页面中填写乘机人信息，包括：姓名、证件类型、证件号码、手机号。单击【+添加一位乘机】按钮，可以再输入一位乘机人信息。填写联系人信息，包括：姓名、手机号码、备选号码、电子邮箱，其中手机号码一定要正确填写，否则是不能成功订票的。在图 6-34 所示页面中对保险与报销凭证信息进行设置。

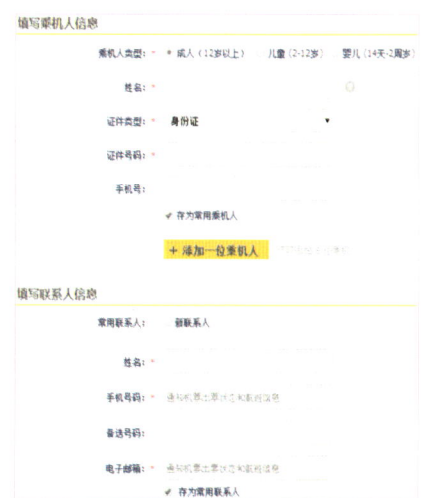

图 6-33　填写乘机人和联系人信息　　图 6-34　保险与报销凭证信息设置

由于我国现在已经实行电子客票，许多票务公司也提供免费送票服务，所以你可以根据自己的实际情况选择是否需要递送行程单。如果选择需要递送，那么不要忘了填写清楚送票地址和送票时间哦。

这一步操作完成之后进行提交，会出现如图 6-35 所示的订单确认页面，即对刚刚你填写的订票信息的核对。核对无误后，单击【提交订单】按钮。

在图 6-36 所示的机票订单状态页面中，单击【付款】按钮，在跳转到的支付宝页面完成支付后，机票就订购成功了。

6-35　订单确认页面　　　　　　　　　图 6-36　订单状态页面

提示：由于航班价格变动频繁，因此，你需要在订单创建成功后的两个小时内完成支付操作，否则订单将会被取消。

之所以现在机票的订购手续如此的简便，就是因为我们国家实行了电子客票。图 6-37 显示的正是在淘宝上订购电子客票到办理乘机手续、持有效证件登机的全过程。

电子客票也称电子机票，是纸质机票的电子形式。电子客票在国外的航空公司已经十分普及。它将票面信息存储在订座系统中，可以像纸票一样执行出票、作废、退票、换开、改转签等操作。

图 6-37　电子客票订购登机流程

目前，电子客票依托现代信息技术，实现了无纸化、电子化的订票、结账及电子客票柜台办理乘机登记手续。你只要在乘机当天持领取的电子客票凭证、登机牌和有效身份证件就可以办理安检手续了。

电子客票与传统机票相比主要有以下几大优势。

1. 查询、预订、支付、取票、携带票全程实现了电子化，这就足以应对任何突发事件，保证你能够第一时间登机。即使你忘了带机票都没有关系，只要报出你预订的航班号和姓名，再出示你的身份证就可以了。

2. 无论何时何地，都可以在线管理自己的旅程、查看历史行程信息并可轻松地实现在线退改签票操作。

3. 价格更便宜，同时还能享受在线购物获得的其他优惠。

那么电子机票要如何登机和报销呢？

当你成功地以在线购买方式购买机票后，会得到一个电子票号，在机场凭有效证件就可以到值机柜台换取乘机凭证了。

如果你需要报销，那么可以直接使用图 6-38 所示的由国家税务总局监制的"航空运输电子客票行程单"作为报销凭证。

图 6-38　航空运输电子客票行程单

这是电子机票从查询到订购到登机的完整流程，是不是相当简洁便利呢？

通过上面的学习，相信你已经能够利用淘宝网预订机票了。那么，其他的网购站点是否也提供机票预订功能呢？这是必需的。

进入京东商城，如图 6-39 所示，在商城的首页面就可以对机票进行快捷查询。

图 6-39　京东商城首页机票查询

此外，京东商城还有专门的旅行频道，图 6-40 就是京东商城旅行频道的首页面。"京东旅行"除了提供机票、酒店业务外，还推出了度假，如旅游线路、邮轮、签证以及商旅等服务。

图 6-40　京东旅行频道

继力排众议、不惜血本地锻造自有物流基建之后，极速向 3C、图书、生活消费品等更多品类扩张，2011 年 6 月推出在线机票预订业务。2014 年 6 月 24 日，京东宣布京东旅行频道全新上线，新版旅行频道主打"品质旅游"概念。

不过，京东商城在此类业务上并非亲力亲为，而主要是由外部供应商提供。比如：京东旅行与航空公司、行业主要在线旅行社均建立了战略合作关系，这些供应商为京东提供系统后台接入，但前台显示的是京东商城。

京东旅行的网址是：https://trip.jd.com/。

既然诸如淘宝、京东之类的综合性购物网站都提供了机票查询、预订等服务，那么，像携程、芒果、途牛等专业的旅行网站，在提供相应服务的基础上，又有什么特点呢？

携程旅行网作为中国领先的在线票务服务公司，创立于 1999 年，总部设在中国上海。携程网提供了酒店、机票、火车票、汽车票、景点门票、租车、旅游度假、签证在内的全方位旅行服务。图 6-41 所示是携程旅行网的首页面。

携程旅行网的网址是：https://www.ctrip.com/。

作为中国领先的综合性旅行服务公司，携程成功整合了高科技产业与传统旅行业，向超过 3 亿会员提供集无线应用、酒店预订、机票预订、旅游度假、商旅管理及旅游资讯在内的全方位旅行服务。

已于 2003 年 12 月在美国纳斯达克成功上市的携程网，占据了中国在线旅游业 50%以上的市场份额，是市场领导者。其主要竞争对手有：已被全球第一大在线旅行公司亿客行控股的艺龙，以及分别背靠大型国有控股旅游集团、拥有雄厚的资金保障和丰富的旅游资源的遨游网和芒果网，还有近几年以迅猛的发展势头异军突起的途牛网等。

图 6-41　携程旅行网

下面让我们进入携程旅行网体验一下。

在携程旅行网首页选择"机票"标签页，如图 6-42 所示。在这里，你可以设置航程类型（单程、往返、多程）、出发城市、出发日期、到达城市、返回日期、航空公司、舱位等级等信息。

图 6-42　机票快捷搜索

图 6-43 是选择航程类型为往返、出发城市为北京、到达城市是上海后，单击【搜索机票】后的结果页。

图 6-43　机票搜索结果

在这个页面里，你可以修改搜索条件后单击【重新搜索】按钮，按新的条件进行搜索；也可以通过勾选航空公司、计划机型、起飞机场、到达机场等多选框，实现在结果集中按条件筛选，从而进一步定位机票信息。

你在搜索的过程中已经注意到"机+酒"字样了吧？这是携程旅行网推出的一项特色服务，它将机票预订与酒店预订结合在一起，在原有价格的基础上，又进行了优惠，为你的出行提供了一揽子解决方案。图 6-44 是选择"机+酒"的搜索结果。

在这里，你不但可以选择航程类型、出发城市、出发日期、到达城市、返回日期、出行人数、航空公司、舱位等级等航班信息，还可以对酒店信息进行设置，比如：酒店商圈、品牌、设施等。携程旅行网会根据你的选择，自动计算出多种合理的组合方案供你选择。

图 6-44 "机+酒"搜索结果

以前，我们住大杂院，虽然破旧，却处处充满了人情味：对门的大妈不管有什么好吃的，总会端过来一碗；院门口的那棵大槐树下，经常看到悠闲下棋的老爷爷们、追逐打闹的孩子们……

后来，我们搬进小区住上了单元房，这种独立舒适的居住环境却减少了邻里之间的交往，楼上楼下对门隔壁的"熟人"也不一定叫得出名字……

现在，发达的网络技术为交流互动提供了更多途径，通过手机和电脑可以很方便地以声音、文字、图片及视频的方式与他人交流彼此的所见所闻、所思所感。

在网上购物时也不例外，我们可以在相关网站的社区拜读别人对商品的评价或者分享自己的购物心得；遇到问题既可以向网站的客服中心咨询，也可以向经验丰富的社区达人求教……可以说互动方式多种多样，为消费者网上购物提供了有力的支持。

第七章
加入社区　共享心得

本章学习目标

◇ 进入社区，全面获取信息

　　介绍什么是社区，以什么值得买社区和京东社区为例，介绍社区的分类、特色版块以及发帖规则等。

◇ 搜索帖子，答疑解惑不求人

　　以什么值得买为例，介绍如何通过搜索功能在海量的帖子中寻找到自己感兴趣的帖子。

◇ 发表新帖，快乐忧伤共分享

　　学会在社区回复帖子、发表新帖子、上传图片等社区互动常用方法。

◇ 客服中心，疑难杂症药到病除

　　介绍网络购物过程中遇到问题时，合理地利用客户服务中心、帮助中心等功能模块寻求解决方案的方法。

进入社区，全面获取信息

经常上网的朋友一定对 BBS 很熟悉，BBS 的全称是 Bulletin Board System（电子公告牌），是 Internet 最早提供的功能之一。BBS 就像一个将很多人聚在一起聊天的聊天室，大家可以在这个开放的网络空间内自由地发表自己的观点、意见，与大家交流和沟通。

什么值得买（https://www.smzdm.com/）是一家消费门户网站，实时推送优质的网购优惠信息，其首页如图 7-1 所示。该网站通过真实的原创购物攻略，力求成为消费者心目中的"品质消费第一站"，内容涉及 3C 家电、家居生活、时尚运动。

什么值得买集导购、媒体、工具、社区属性于一体，以高质量的消费类内容向用户介绍高性价比、好口碑的商品及服务，为用户提供高效、精准、中立、专业的消费决策支持。

图 7-1 什么值得买首页

什么值得买包含"好价""社区"两大内容版块，通过人工智能（AI）技术实现千人千面内容分发，精准触达用户，有效提升转化率，是电商、品牌商获取高质量用户，扩大品牌影响力的重要渠道。

什么值得买通过优惠信息、原创好文等内容为用户推荐高性价比、好口碑的商品及服务，帮助用户进行消费决策，降低用户在海量信息下的消费决策时间与成本。大家在购物前可以通过产品评测、图鉴等内容，熟悉商品或品牌，并进行互动体验，使用户不仅知道"商品的规格型号是什么"，更能发现"商品能给我带来什么"，帮助我们认知品牌的额外价值、独特价值。

经过多年的积累，什么值得买汇聚了一群核心用户群体，他们乐于分享、传播和交流，不断地在平台上分享商品和服务的优惠信息，撰写购物攻略、产品评测等深度文章，创造了高互动、有温度、多场景的社区氛围。在用户购物时，社区达人会进行专业的消费评测和互动，有众多的用户以晒单的方式分享他们的购物心得。其社区首页如图 7-2 所示。

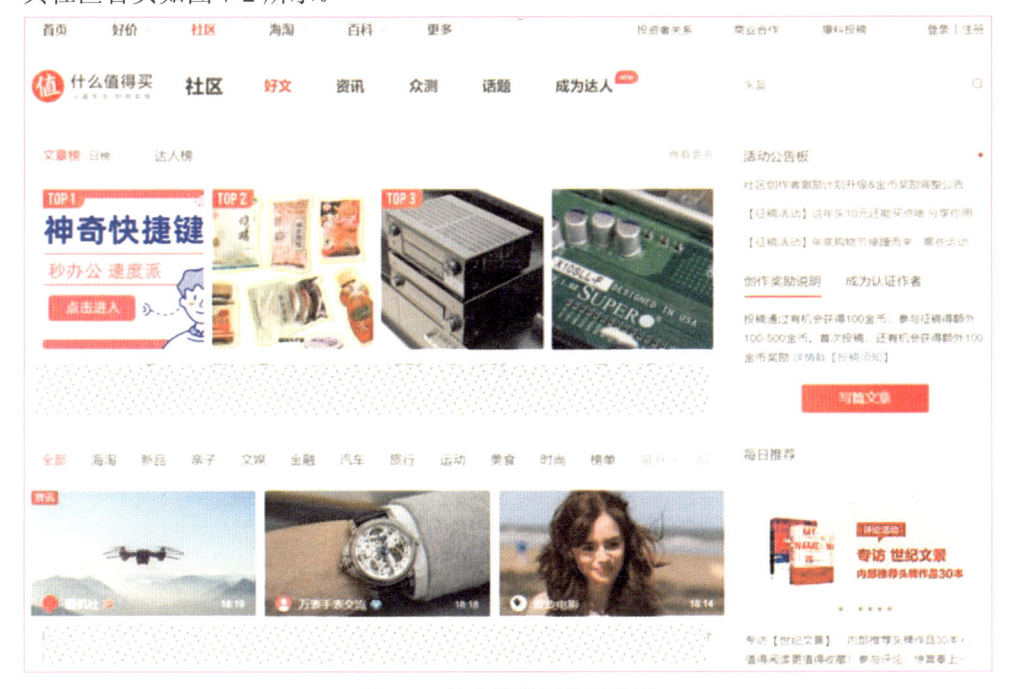

图 7-2　什么值得买社区首页

什么值得买消费数据库，与众多品牌共建了相关品牌消费数据，呈现知识型品牌商品消费内容，帮助用户降低信息门槛、缓解信息焦虑、提高信息获取效率。同时，消费数据库为品牌主提供了品牌营销、内容营销、粉丝营销及商品营销四大营销工具，是汇聚站内外优质流量的强势入口。

什么值得买以提供优质服务为驱动，通过 AI 技术智能化重构各个环节。一方面通过内容栏目聚合货品，与各大平台数据打通直接唤起跳转平台，实现推广转化路径最短；另一方面通过优惠券的多种玩法促进转化，满足拉新、带货、推新品等各种需求。技术与内容的有效结合，实现了推荐商品与用户消费需求的精准匹配，更有效地帮助用户进行消费决策。

图 7-3 所示的是什么值得买社区分类，分类的目的是为了把相关的信息集中在一起，以便我们能够更加便捷、有针对性地寻找到所需要的信息。

图 7-3　什么值得买社区分类

清晰的版块分类显示可以让你快速地进入主题，再也不用无谓地浪费时间了。在这个分类列表中，你可以直接选择感兴趣的类型，点击即可进入该版块。如点击"好文"，即出现图 7-4 所示的文章列表。

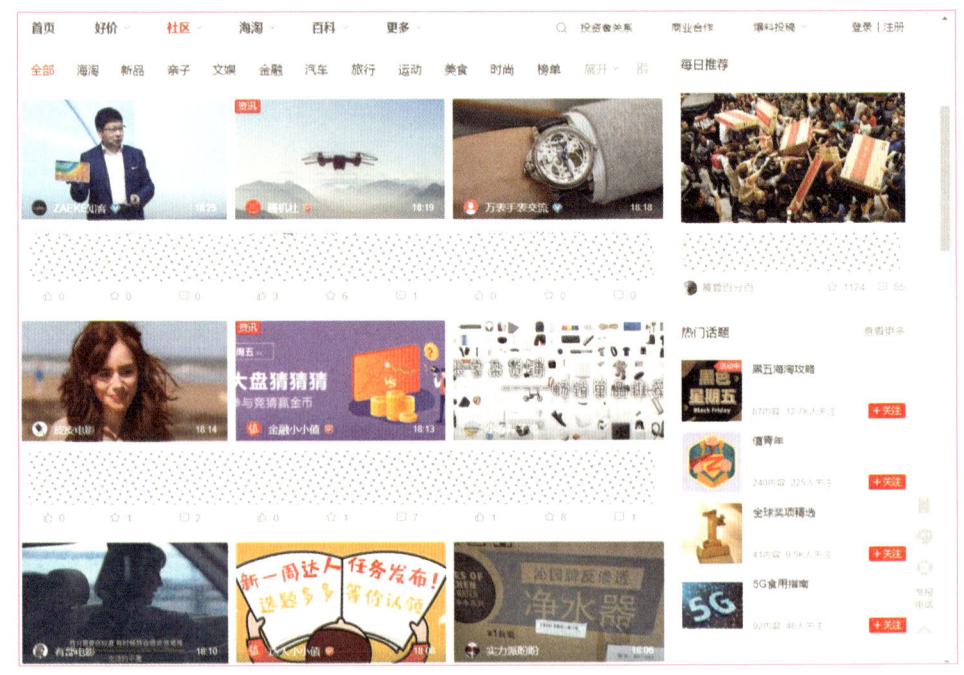

图 7-4　什么值得买社区好文版块

社区虽然是一个自由的空间，但还是需要有一定的规则来保障它的正常运行，只有每一个参与者都自觉地遵守相关规则，才能共同营造一个自由、纯净的网络

第七章　加入社区　共享心得

环境。

　　什么值得买包含多个不同的版块，每个版块下面又细分多个子版块。你可以根据需求进入不同的版块，与全球各地的网友一起沟通交流。

　　没有规矩不能成方圆，只有共同遵守规则、共同约束自己的行为，我们的社区才会更加美好。每个进入社区的人都应该先仔细阅读规则，然后在规则的约束下进行活动，而不要触及规则所禁止的范围，否则将会受到相应的惩罚。图 7-5 所示为什么值得买的社区规则。

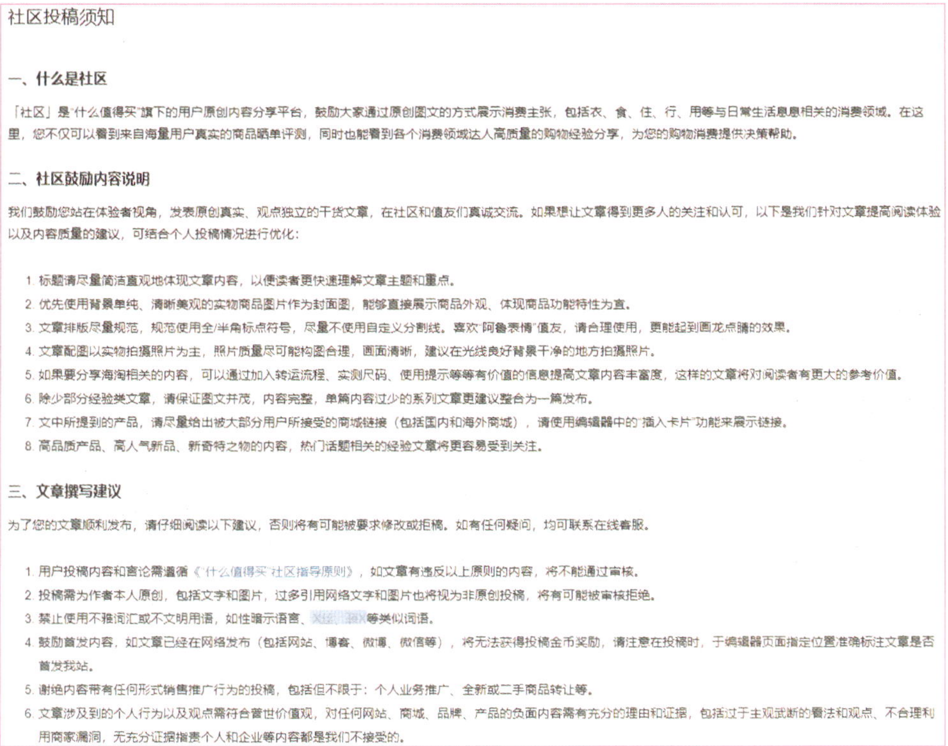

图 7-5　什么值得买社区规则

　　下面让我们再来看看京东商城的论坛版块——京东社区购物论坛。

　　单击图 7-6 所示的京东商城"网站导航"中的"京东社区"超级链接就可以方便地跳转到图 7-7 所示的京东社区购物论坛。

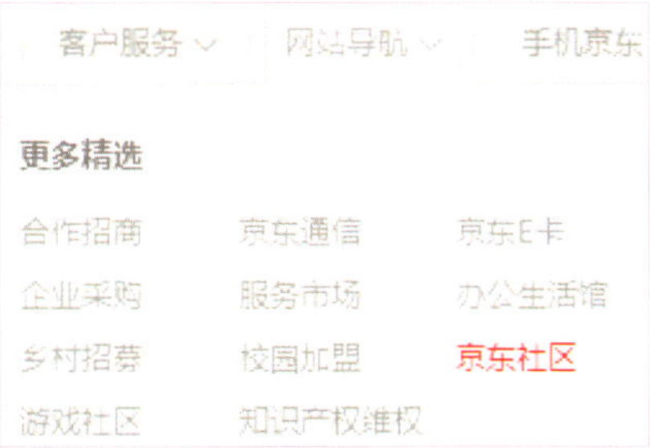

图 7-6　京东社区超级链接

图 7-7　京东社区主页

京东社区作为一个依托京东网上商城的专业购物论坛，它拥有庞大的购物用户群在此讨论、晒单、互动问答。

京东社区为你提供了电脑、手机、智能、摄影等不同领域、不同圈子的版块（图 7-8），方便你快速定位感兴趣的话题。选择你感兴趣的圈子，可以浏览相关帖子（图 7-9）。另外，更有有奖问答、晒单、测评试用等精彩活动等你来参加！

图 7-8　京东社区分类

图 7-9　圈子版块

当你在京东网上商城购买商品后,可以参与京东举行的晒单活动,将你的感想、使用心得以及效果照片发布出来,不但可以为其他有意向的购买者提供参考,还可以赚积分!京东商城规则,每个商品前 5 位合格晒单的网友可以获得一定的积分作为奖励,积分是可以兑换成京券在下次购物时直接当作钱来使用的。其他网友也可能会回复你的晒单与你沟通、交流。晒单版块,既能结交朋友又有钱赚,是不是很划算?

搜索帖子,答疑解惑不求人

网络信息浩如烟海,社区里各式各样的帖子也是多如牛毛,由于 BBS 突出的开放性和自由性特点,使得用户在发表帖子时有时不假思索,随意性强,这样就必然会造成无关信息增多。针对这一问题,越来越多的社区引入了搜索引擎功能,你可以根据关键字进行筛选,在最短的时间内找到你所需要的信息。

由于搜索功能的便捷性,各大网站都不约而同地将其放在显眼的位置。比如,只要你进入什么值得买网站,在所有的版块中都可以看到图 7-10 所示的搜索工具条,方便你随时进行搜索和查询。

图 7-10 什么值得买搜索条

搜索功能的使用方法也非常容易,在图 7-10 所示的搜索工具条中,输入搜索键字,例如:"项链",单击【搜索】关按钮后其搜索结果如图 7-11 所示。

图 7-11 搜索"项链"结果页

为了方便大家随时随地都能够快速查找到想看的内容，什么值得买论坛中的所有版块都提供了搜索功能。你只要按照前面介绍的方法进入相关版块，再输入关键字，就可以在当前版块进行搜索。

图 7-12 所示为什么值得买的商品分类列表，从中可以选择你关注的商品类型。

图 7-12　商品分类列表

图 7-13 所示是在图 7-12 商品分类中选择"服饰鞋包"→"服装配饰"→"太阳镜"分类后的结果页。

图 7-13　太阳镜商品分类结果页

经常通过网络获取信息的网友都知道，现在很多购物网站都会提供类似的分类搜索功能，那么我们为什么要选择什么值得买呢？

什么值得买网站成立于 2010 年 6 月，早期以推荐廉价货物信息为主，后逐渐加入海淘、原创（原晒物、经验）、资讯、众测百科等多个频道，其内容大部分来自网友推荐，每天通过网站本身、RSS、各手机客户端及各浏览器插件推送商品特价信息，帮助广大网友买到性价比更高的产品。

总之，它是一个以日常生活为主的导购网站，能够帮助大家买到好的、值得的产品，减少被坑的机会，而且里面的内容相对比较中立。为了网站的维护，广告帖虽然有，但大都比较克制，因此，很多网友对该网站以及网站上分享及经验的朋友们还是非常信服的。

什么值得买的拼音首字母是 SMZDM，有些风趣的网友有时会将其简称为"张大妈"或"大妈"，表达出这家网站就像邻居家亲切的长辈，总是乐于分享自己认为物美价廉的东西；也有网友根据该网站最有代表性的字意直接将其简称为"值站"，因此在帖子中看到这类的称呼不要感到奇怪。

发表新帖，快乐忧伤共分享

看了很多别人的帖子，在学习到许多感兴趣的知识的同时，是不是也会有想发表自己的评论、与作者互动交流、参与话题讨论的欲望呢？是不是也会想要把自己的想法表达出来与别人共享知识呢？这一节我们就会详细地介绍如何回复帖子、发表新帖，教你快速地从论坛里的一个"无名小卒"成长为"一代大侠"，论坛是网友的主要交流场所，也是一个公共场所，只要你想发言，在这里每个人都可以成为优秀的演讲家。

在社区看帖时不知你是否注意到，大部分的帖子除了作者发表的内容以外后面都还跟着长长的评论，这就是回帖，回帖的作者可以是任何人，只要你是该网站的注册会员都可以发表回复。

当我们在什么值得买网站浏览帖子的时候，总能在页面的左侧看到如图 7-14 所示的快捷菜单栏，每个帖子的左侧和下方一般都会有【评论】按钮，单击该按钮就可以看到图 7-15 所示的帖子评论页面。在内容栏中输入你想要发表的内容，大部分的社区都会对回复帖子的字数进行限制，具体规则请参看相关提示。

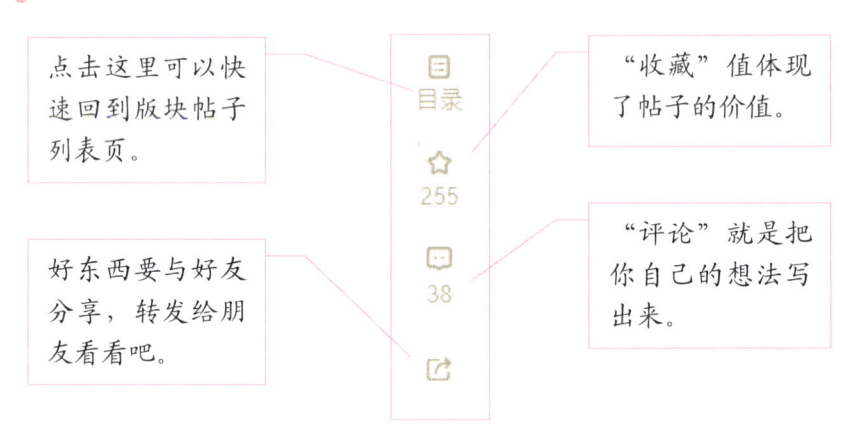

点击这里可以快速回到版块帖子列表页。

"收藏"值体现了帖子的价值。

好东西要与好友分享，转发给朋友看看吧。

"评论"就是把你自己的想法写出来。

图 7-14　帖子快捷操作按钮

图 7-15　输入评论内容

为了能够更全面地体现评论的内容，我们可以在评论中添加表情。点击图 7-15 中的笑脸图标，会弹出图 7-16 所示的表情包。我们可以通过文字加表情的形式更好地发表自己的观点。

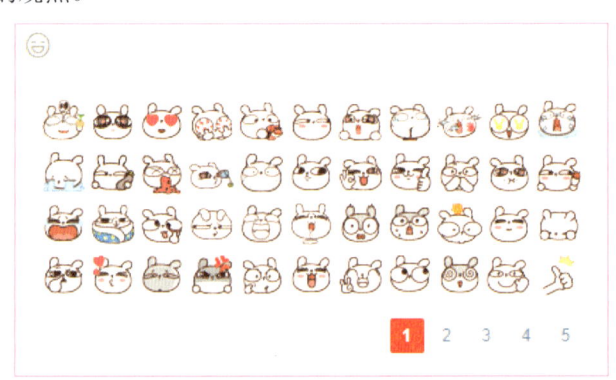

图 7-16　评论中添加表情

输入完毕后，单击【发表评论】按钮就可以发表自己的评论与作者及其他值友交流了。

如果一切顺利的话，你将看到发布成功的提示信息，这表示系统已经接受我们的回复内容。一般而言，论坛的管理系统都会在回复成功发表后自动返回到回复前的页面。

　　刚刚提交了在社区发表的第一条回复信息，肯定想要亲眼看一下自己的评论吧？让我们立即刷新一下页面，就可以在图 7-17 所示的位置中看到我们刚才发表的内容了。怎么样，是不是很有成就感呢？

图 7-17　查看回复的评论

　　在论坛里，有些发帖者为了聚集人气或者为了不让帖子沉下去，就会进行故意"灌水"。所谓"灌水"是指发表一些没有意义的言论或符号，最常见的如："顶""支持""强""1111"等，这样的回复极大地扰乱了正常回复者的视线，也给大家获取信息造成了相当的不便，因此，这类的灌水回复是被严格禁止的。一旦发现，已发表的回复立即会被管理员清除，严重者还会受到扣分等相应的处罚。

　　通过前面的介绍，我们已经知道了怎样在别人的帖子下发表回复。如果愿意，我们也可以发表自己的帖子，分享观点，提出议题，组织大家参与讨论，让别人在后面跟帖交流。

　　进入每一个主题版块，都会出现更详细的主题分类列表，如图 7-18 所示是我们进入什么值得买社区版块后出现的二级主题版块，这里包括海淘、新品、亲子、文娱、金融、汽车、旅行、运动、美食、时尚、榜单、评测、众测、资讯等。

图 7-18　什么值得买社区版块

一般的社区论坛中都会在社区的显著位置专门设置有如图 7-19 所示的推荐区和热门话题区，用于放置一些优质的和讨论热门话题的帖子。如果你的帖子可以进入这类专区中，那么将会被更多的网友看到，获得更多的关注和信息。

图 7-19 热门帖子专区

一般推荐区和热门话题区的帖子范围是涉及所有子版块的，因此想进入其中并不是那么容易的。那么，有没有好的办法让更多的网友看到我们的帖子呢？

其实我们可以争取进入文章榜单，如此一来，同样能吸引到更多的网友来参与讨论。图 7-20 是什么值得买社区的文章榜日榜页面。

图 7-20 文章榜日榜

另外，什么值得买网站为了鼓励大家多参与社区活动，还设置了达人榜版块，图 7-21 是论坛达人榜专区，列出了前十位的达人用户，并对前三位达人进行了突出展示。只要你积极参与社区活动，比如：多参与社区讨论、多发帖子，尤其是精华帖，你都将有机会进入达人排行榜，获得网站的推荐，得到更多网友的关注，也许哪一天你也会成为万众瞩目的明星，拥有自己的粉丝群哦。

图 7-21　文章榜达人榜

下面让我们一起进入好处多多的发帖之旅吧。从图 7-22 所示的什么值得买的导航条菜单中就可以方便地开启发帖之旅。这里根据文章的内容分为：好价爆料、写篇文章和提报百科三大类。

下面让我们一起去发表一篇新的文章吧。

在图 7-22 所示菜单中选择【写篇文章】菜单项。首先会弹出图 7-23 所示的声明页。点击【我知道了】按钮，就意味着你同意页面中所倡导的理念和声明的内容。

图 7-22　爆料投稿

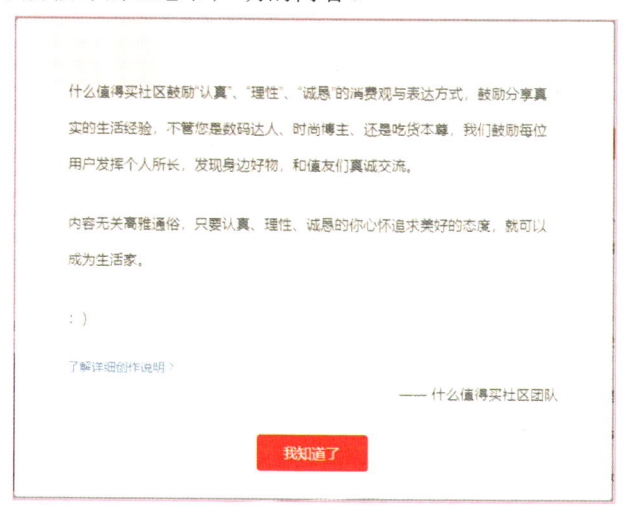

图 7-23　声明页

点击"了解详细创作说明"超级链接将会看到由社区管理员撰写的社区新手指南，如图 7-24 所示。在这篇社区新手指南中首先介绍了哪些类型的文章是大家喜闻乐见、是社区欢迎的，其次介绍了从电脑端和 APP 端发布新文章的入口。社区是一个开放的交流环境，但是"不以规矩，不能成方圆"，因此在文章的最后明确地列出了社区发布文章的奖励标准以及惩罚处理标准。

图 7-24　社区新手指南

什么值得买社区为了鼓励大家多创作，经常会举办一些如图 7-25 所示的创作活动。参加这些活动，选择感兴趣的主题投稿，发表自己的观点，不仅能获得各种奖品，还能与其他值友进行互动和交流。

图 7-25　创作活动

下面让我们一起去发布第一篇文章吧。点击图 7-26 中的【+发布新文章】按钮。进入图 7-27 所示的文章编辑页面。

图 7-26 发布新文章

图 7-27 文章编辑页面

首先，为我们的文章创建一个专栏。有了专栏，可以对同一主题的文章进行集合，同时也便于其他值友浏览与关注。一个好的专栏从名字开始，结合你的个人形象与写作方向来制定专栏名称，更容易被大家记住。

图文并茂才能更好地表达思想吸引他人的关注。下面让我们为文章添加头图。在什么值得买中发表文章支持 8M 以内的 JPG、PNG、GIF 格式的图片。为了更好地显示效果，最好将文章头图的大小控制在 1484×628 像素。

点击图 7-28 中的"添加头图"链接，在弹出的文件打开窗口中，定位到准备用来做头图的图片，点击【打开】按钮。等待图片上传成功后，刚刚选择的头图就会出现在文章的顶部。

图7-28　添加头图

除了需要自己创建专栏和选择头图外，最主要的还要为文章拟一个好标题。

一个醒目的标题在浩瀚如海的文章标题列表中会显得格外抢眼，从而为你的文章带来更高的人气。在什么值得买社区发布的文章，标题不得少于5个汉字，最长为48个字。快去图7-29所示的页面为你的文章起个有意义的名字吧。

图7-29　拟定标题

什么值得买网站鼓励值友声明自己的创作立场，点击文章标题下面的"去填写"链接，可以跳转到图7-30所示的填写立场声明页面。

图7-30　立场声明

立场声明可以参考下面3个示例的内容来编写。

示例1：本文所测商品为自费购入。如商品是参加张大妈家的活动所得，我会在文中点明。坚持独立的评价观点是笔者创作的基本底线，绝不会因商品来源不同而有所偏颇，请各位放心。

示例2：我在本文中评测的这辆汽车，来自某品牌送测。体验之后感受颇多，第一时间发出来和大家分享，欢迎理性观点交流碰撞。

示例3：本人为某领域/某品牌从业人员，有机会学到一些专业知识。然而每个人站在不同立场，内容就会有所侧重，客观与否还请大家指正，期待深入探讨交流。

最后就是主体内容了，在不违反发帖规则的前提下，尽情说出你想说的话吧。

为了文章能够更好地达到审核要求并在第一时间发布，我们可以通过底部提示栏的提示信息，了解审核和奖励规则以及文章的写作建议，这样就可以根据规则和建议完成写作。

首次撰写文章，是不是有种千头万绪不知从何说起的迷茫？什么值得买社区已经贴心地在文章正文部分放了一套模板，如图 7-31 所示。

图 7-31　文章模板

在这里我们可以按照模板的结构将自己的心得和经历分享出来。

在什么值得买上发表文章是支持文本样式的，你可以通过图 7-32 所示的工具条为撰写的内容选择字体、设置字号、插入/编辑链接、设置特殊样式、添加编号或项目编号、添加表情图标、插入链接（图片、商品、视频）等。由于其操作方式与我们熟悉的办公软件 Word 非常类似，因此，使起用来会很容易。

图 7-32　编辑工具条

全部内容填写完后，单击页面上的【预览】按钮，可以在发布前对文章的整体效果进行查看。单击页面上的【发布文章】按钮，就可以将文章发布出去。

在发布文章之前我们还可以对一些发布参数进行设置，如图 7-33 所示。

图 7-33　发布设置

至此，我们刚刚发表的新文章已经出现在论坛中了。怎么样，是不是非常容易？赶快去论坛发布你的第一篇帖子吧！

刚才我们给大家介绍了发表帖子的基本方法，但也许很多时候你会觉得图片能更直观、更准确地表达你的想法、心情或分享生活点滴。为了满足这种需求，很多软件已经体贴地为我们提供了网络照片存储空间，这样你就可以上传自己喜欢的图片了。

首先让我们先创建一个网络相册，这样我们可以把图片存储在网络上，方便论坛系统识别和显示。网络相册是网站为其用户提供的个人相片展示、存放的平台，网络相册一般都可以设置"私人"或"公开"属性，如果设置为公开，那么其他用户就可以对你的相册进行分享。

下面我们就以 QQ 相册为例进行介绍。

图 7-34 是 QQ 空间里的网络相册链接，点击就可以进入 QQ 相册。其实不同网络相册的设计风格是大同小异的。

只要你拥有 QQ 号码，那么你就拥有了一个 QQ 相册，在那里，你可以上传任何自己喜爱的照片和图片。你同时可以开通免费的 QQ 空间，在里面书写日志，存储心情。

图 7-34　QQ 空间的相册链接

图 7-35 所示，是一个 QQ 空间中的 QQ 相册。由于我们要介绍把保存于你个人电脑中的图片上传到网络相册，所以我们新建一个相册。单击图7-35中的【创建相册】按钮。

图 7-35　QQ 相册

进入图 7-36 所示的"创建相册"页面，输入相册名称、相册描述信息、选择主题类型和在 QQ 空间中的权限。需要指出的是，我们在论坛中贴图需要借助网络相册资源，所以务必要把访问权限设定为"所有人可见"。设定完成后，单击【确定】按钮，一个新的相册就创建成功了。

你可以在这里填写相册的相关信息，对相册作一个有意义的个性化的注解。

图 7-36　创建相册

创建新相册成功后，QQ 相册会自动为你跳转到该相册，如图 7-37 所示。此时我们可以看到，由于该相册刚刚创建，所以里面空空如也，一张照片也没有。

图 7-37　新创建的相册

有了相册，就等于为照片安置了一个家，现在我们就可以开始上传照片了。

1．单击图 7-37 所示页面中的【选择照片】按钮。

2．在弹出的如图 7-38 所示的"选择要上载的文件"对话框中，选择你准备上传的照片。可以通过按住键盘上的 Ctrl 键同时点击照片来一次性选择多张照片。单击【打开】按钮。

图 7-38 "选择要上载的文件"对话框

3．点击图 7-37 所示的"自定义水印"超级链接，在弹出的图 7-39 所示的"照片水印"窗口中可以为准备添加的照片添加水印，注明版权，防止出现未经你允许的盗图、修图情况。在这里，你还可以统一为多张照片添加信息。

图 7-39 照片水印

4．单击【开始上传】按钮，正式上传照片，如图 7-40 所示。此后的页面如图 7-41 所示，动态地显示照片上传进度。比如哪张照片正在上传、上传进度、还有多少张照片等待上传等。你也可以单击【取消上传】按钮，终止上传照片。

图 7-40 开始上传

图 7-41　正在上传

5．等系统弹出如图 7-42 所示的"上传完成"提示框后，单击【保存并去查看照片】按钮完成此次上传操作。

图 7-42　"上传完成"提示框

此时你的图片就已经被成功地保存在网络相册中了。这也就意味着以后无论何时也不管你身处何地，只要能够上网，你就可以随时查看到自己的图片。除非你自己删除它，否则它再也不会因为任何诸如电脑中毒之类的客观原因而丢失了，因为网站服务器的稳定性我们是完全可以信任的。

到此，想来你已经掌握了上传照片到相册的操作方法，现在还有一个问题就是关于图片格式。目前的网络相册一般只支持 JPEG 、GIF、BMP 三种格式，所以大家在上传时要注意一下图片格式的设定。

图片格式也称图片文件格式，以上三种都是图片要遵循的国际标准，因为其压缩方式不一样，所以名称也不一样。

BMP（Bitmap）是一种与硬件设备无关的图像文件格式，使用非常广。它采用位映射存储格式，除了图像深度可选以外，不进行其他任何压缩处理，因此，BMP 文件占用的空间很大。BMP 文件的图像深度可选择 1bit、4bit、8bit 及 24bit。BMP 文件存储数据时，图像的扫描方式是按从左到右、从下到上的顺序进行的。

由于 BMP 文件格式是 Windows 环境中交换与图像有关的数据的一种标准，因此在 Windows 环境中运行的图形图像软件都支持 BMP 图像格式。

GIF（Graphics Interchange Format）的原义是"图像互换格式"，是一种基于 LZW 算法的连续色调的无损压缩格式，其压缩率一般在 50% 左右。它不属于任何应用程序，但目前几乎所有的图形图像相关软件都支持它。GIF 格式自 1987 年由 CompuServe 公司引入后，因其体积小、成像相对清晰、特别适合于初期速度相对过慢的互联网领域等优点，因此受到广泛的应用。

GIF 的另一大特点是，一个 GIF 文件中可以存储多幅彩色图像，如果把存储于一个文件中的多幅图像数据逐张地读取出来并显示到屏蔽上，就可以构成一种最简单的动画。

然而，256 色位图的限制大大局限了 GIF 文件的应用范围，因此，GIF 格式普遍适用于图表、按钮等只需要少量颜色的图像。

JPEG 是 Joint Photographic Experts Group（联合图像专家组）的缩写，其文件后缀名为".JPG"或".JPEG"，也是目前最常用的图像文件格式之一。

JPEG 的压缩方式通常是破坏性资料压缩，意即在压缩过程中图像的品质会遭受到可见的破坏，是一种有损压缩格式，能够将图像压缩在很小的储存空间内，图像中重复或不重要的资料会被丢失，即它采用有损压缩的方式去除冗余的图像数据，在获得极高压缩率的同时能展现十分丰富生动的图像，换句话说，就是可以用最少的磁盘空间得到较好的图像品质。

客服中心，疑难杂症药到病除

行文至此，我们介绍了从最开始的注册账号到如何上网找到适合自己的宝贝，从怎么跟卖家沟通到进行网上付款的具体操作步骤，再从富有特色的在线充值服务到参与论坛博采众长等一系列相关知识，对于一个单纯的网上购物者来说，这些知识相信已经足够应付购物过程中的一般问题了。但是我们无法预知未来，而且还有篇幅的限制，当书中没有介绍的问题出现时，我们还有必杀技：求助客户服务中心。

我们这里所说的客户中心包含很多，除了传统意义上的客户服务热线、信箱等内容之外，一般还包含常见问题解答、相关功能模块介绍、功能模块使用方法及操作步骤等，在这里，概念性的问题你一般都可以直接找到答案，具体操作中的问题也可以通过求助客服或者其他网友而得到大家的帮助。

图 7-43 所示淘宝网服务中心首页面。

图 7-43　淘宝网服务中心首页面

服务中心提供了多种服务形式，想来可以满足你不同的需求。

对于买家，这里有购物动画操作指南，为你清晰地演示网上购物的全部流程；购物经验为你介绍最实用的购物技巧；还有安全心得教你如何提高安全意识，以保护自己的合法权益。

对于卖家，需要学习的东西就更多了。不仅需要清楚地了解流程，还要掌握足够的开店技巧，比如怎样设计你的店铺让人流连忘返，如何宣传推广你的店铺让它广有知名度，还有怎样玩转物流让你的货物及时安全地送到买家手上。

淘宝网服务中心分为消费者版和商家版两个版本，你可以根据问题选择对应的版本。

将鼠标指向淘宝网首页的"联系客服"右侧的下三角箭头，在展开的下级菜单中选择"消费者客服"或"卖家客服"就可以直达淘宝网服务中心。

下面让我们一起开启一场体验之旅。

1. 在图 7-44 所示的淘宝网首页面"联系客服"超级链接下点击"消费者客

服"选项。

图 7-44　淘宝网服务中心

2．在弹出的登录框中直接输入你淘宝网的登录名、登录密码后，单击【登录】按钮即可进入图 7-45 所示的淘宝网服务中心（消费者版）的"联系小蜜"版块。

图 7-45　"联系小蜜"版块

3．在对话框的下部输入你想要咨询的问题，就可以与阿里小蜜在线客服进行实时沟通了。

4．在对话框的上部，汇集了淘友提出的比较热门、比较有代表性的问题。也许当前正困扰你的问题已经被其他淘友提出了，所以在进行提问前可以先在这里看一下，也许就能找到你想要的答案。

5．如果你想系统地针对某方面的问题进行了解，可以通过点击"自助服务"链接进入图 7-46 所示的淘宝网服务中心（消费者版）的"自助服务"版块，这里按照知识点进行分类，将大家关注的常见问题集中在一起，你可以通过选择知识点统一对相关问题进行了解。

当然还有更直接的方法就是运用图 7-46 中所示的搜索功能。直接在搜索条中输入你所要查询问题的关键字，单击【搜索】按钮。淘宝网服务中心就会利用模糊搜索功能，找到问答中所有包含有此关键字的内容，通过查看这些回答，你的问题想来也就能够迎刃而解了。

图7-46 "自助服务"版块

6. 这里我们点击"要求退款"链接，将会看到详尽的关于退款问题的解答，如图7-47所示。

图7-47 如何申请退款

下面让我们来看看京东为广大客户提供了什么样的帮助服务。图7-48是京东帮助中心首页面。

图 7-48　京东帮助中心首页面

1. 在图 7-49 所示的京东首页面"客户服务"超级链接下点击"帮助中心"选项。

图 7-49　京东首页面帮助中心入口

2. 在图 7-50 所示的登录框中输入你京东网的登录名、登录密码后,单击【登录】按钮即可进入京东帮助中心服务页面。

图 7-50　京东登录

3．在图 7-51 所示的搜索条中输入你想要咨询的问题，单击【提问】按钮可以查寻与输入关键字相关的所有提问，里面也许就有你想要的答案。

图 7-51　京东帮助中心搜索功能

4．点击"更多公告"可以查看京东发布的所有公告，如图 7-52 所示。这里会发布一些与规则、协议相关的重要事宜。

图 7-52　更多公告

5．图 7-53 所示的"热点问题"版本罗列了其他网友经常查询的问题，这其中也许就有你的困惑。

图 7-53　热点问题

6. 在图 7-54 所示的自助服务版块中，提供了我们在日常购物中经常会用到的功能。

图 7-54　自助服务

7. 在这里提供了各种服务功能的入口，我们可以不用排队等待客服帮忙，自行进行操作。图 7-55 是京东卡、E 卡绑定/查询的服务页面。

> **提示**　京东卡、E 卡是由京东商城发行的、可用于购买京东自营商品的、经预付卡备案的单用途商业预付卡。

图 7-55　京东自助服务——京东卡、E卡绑定/查询

8．京东帮助中心还将提问进行了归类，消费者通过点击类目列表中的条目，可以系统地查询相关问题，如图 7-56 所示。

图 7-56　京东帮助中心——类目列表

9．在图 7-57 所示的联系客服的版块中，京东为大家提供了 24 小时在线的智能机器人 JIMI、电话客服、在线客服、提建议等多种方式与大家沟通、交流。

图7-57　联系客服

10. 如果你是一位初次使用京东的网购新人,既不知如何下手也不知如何提问,那也不用担心。京东帮助中心贴心地为大家提供了图 7-58 所示的新手指南,通过图文、视频等形式一步步地教你从购物小白成长为购物达人。

图 7-58　新手指南

到这里我们所要介绍的内容就要告一段落了。

网上购物与实体店购物相比是一个新兴事物,既然新兴,它就势必会有广阔的发展空间和改善空间。在本书中我们是以淘宝网为主、其他热门网络购物网站为辅,就网上购物的相关知识结合具体案例为大家做了介绍。

当然,除了我们举例的这几家网站,国内还有很多其他很成功的购物网站,由于各个网站的设计不同,具体操作也会不尽相同,但是,总体购物环节还是类似的,所以,我们完全可以把学到的经验借鉴到其他网站中。最重要的是,只要你掌握了寻求问题解决方案的方法,那一切问题都将不再是问题。祝你网上购物愉快!